À la recherche
de la paix perdue

Publié pour la première fois en Grande-Bretagne en 2006 par Weidenfeld & Nicolson, Londres, sous le titre *Finding Sanctuary. Monastic Steps for Everyday Life*

© Christopher Jamison 2006

© Hachette Livre, pour la traduction française.

Père Christopher Jamison

À la recherche de la paix perdue

Conseils spirituels pour la vie quotidienne

Traduit de l'anglais
par Thierry Paillard

MARABOUT

À mes frères, les moines de l'abbaye de Worth
et à mes prédécesseurs abbés, Dom Victor Farwell,
Dom Dominic Gaisford et Dom Stephen Ortiger.

Prologue

Dans l'émission télévisée de la BBC «The Monastery», cinq hommes «modernes» ont mené une existence monastique pendant quarante jours et quarante nuits, durant lesquels les caméras de télévision filmaient leur évolution. Voir des moines répondre de manière intelligente et appropriée aux difficultés de gens ordinaires fut une surprise pour des millions de téléspectateurs qui supposaient que des moines ne pouvaient qu'être à côté de la plaque, complètement *out*. Accueillir des hommes comme ils sont ne pouvait qu'être le propre de libéraux éclairés, certainement pas de moines cloîtrés!

Mais ces cinq hommes ne furent pas simplement accueillis, ils furent aussi mis au défi. Il leur fut demandé d'écouter continuellement et profondément à la fois eux-mêmes, les autres et Dieu. Quarante jours plus tard, cette écoute profonde avait remodelé leur cœur et leur esprit, tout comme elle a remodelé le cœur et l'esprit de générations de moines et de moniales. Ces hommes quittèrent le monastère plus en phase avec la vie et plus accrochés à elle qu'à leur arrivée.

L'idée que la tradition monastique chrétienne a quelque chose de spécial à offrir est en train de faire son chemin parmi nos contemporains de toute religion, comme d'aucune religion. À la surprise de tous, la série «The Monastery» attira une audience de plus de trois millions de téléspectateurs et fut favorablement accueillie tant du côté des critiques que du public. Le site Internet de l'abbaye reçut plus de 40 000 visites dans le mois qui suivit la première émission, et durant cette même période des centaines de personnes demandèrent à s'inscrire pour une retraite à l'abbaye.

Ce sont ces retraitants qui ont été, d'une certaine manière, à l'origine de ce livre. Ce sont surtout ceux qui n'ont ni foi ni connaissance religieuse qui m'ont inspiré. Car une nouvelle génération apparaît, dépourvue de toute culture religieuse, pour qui la religion est un véritable livre fermé ou, comme on me l'a expliqué, un sujet de plaisanteries. La sincérité de leur quête et la bonne volonté dont ils font preuve pour se mettre ainsi à l'écoute d'un autre son de cloche sont toujours pour nous, moines, source de courage et occasion d'humilité. Ils viennent donc pour apprendre de nous, et ils ne cessent de nous dire que notre mode de vie n'est pas simplement précieux pour nous-mêmes mais pour eux également. Il apparaît, grâce à eux, que notre fondateur, saint Benoît, ait encore bien des choses à dire au monde d'aujourd'hui.

Benoît écrivit sa règle monastique il y a quinze siècles, alors qu'il était abbé au Mont-Cassin, un monastère situé au sommet d'un mont au sud de Rome. L'Italie était à l'époque un pays en pleine confusion, déchiré par les invasions barbares, et Benoît parvint à comprendre aussi bien le monde barbare que le monde classique. Le nom de « Règle de saint Benoît » fait souvent croire à tort que Benoît écrivit un livre de règles et de lois, alors qu'en fait il écrivit un livre de sagesse de vie chrétienne comprenant quelques suggestions pratiques (ou règles). Cette sagesse étonnamment moderne continue de guider nombre de personnes de nos jours, même si certaines règles pratiques ont été adaptées aux diverses conditions locales, comme Benoît l'avait d'ailleurs demandé.

À chaque génération, moines et moniales confrontent la sagesse de la Règle aux réalités de leur temps. Une nouvelle fusion, née de l'expérience contemporaine, s'effectue alors. Elle permet aux monastères de continuer à être des sanctuaires aujourd'hui comme ils l'ont été dans les siècles passés. Et ce sanctuaire peut être retrouvé et recréé dans le cœur de tout homme de bonne volonté. Si vous cherchez un sanctuaire dans votre vie, alors Benoît vous invite, avec les mots mêmes qui ouvrent sa Règle, à entrer dans cette place de paix : « Écoute attentivement, enfant de Dieu, les instructions du maître et incline l'oreille de ton cœur. »

Introduction

« Pourquoi êtes-vous devenu moine ? » me demande-t-on souvent. Il n'est pas facile de répondre à une telle question. C'est comme si l'on vous demandait pourquoi vous vous êtes mariés. Une telle question en comprend plusieurs et les réponses dépendent de situations très diverses. On peut simplement connaître vos positions sur le mariage, savoir pourquoi vous vous êtes mariés plutôt que de vivre tout simplement ensemble. Soit la question porte plutôt sur le fait de savoir pourquoi vous vous êtes marié avec celle-ci, ou celui-ci, en particulier. Soit la question jaillit au cours d'une discussion portant sur votre récent divorce. En ce qui me concerne, en ce qui concerne cette question sur les raisons qui m'ont fait devenir moine, il m'est arrivé d'offrir des réponses différentes selon les contextes dans lesquels elle était posée. Mais toutes ces réponses se concentrent en une seule : « Je ne sais pas. » Je ne sais pas pourquoi je suis devenu moine tout simplement parce que les raisons pour lesquelles je me suis engagé ne sont pas celles pour lesquelles je reste. Je suis entré en pensant que je pourrais sauver le monde par cette vie ; je reste parce que le monastère est devenu le lieu où j'ai découvert mon propre besoin d'être sauvé. Avant de pouvoir offrir un sanctuaire, il fallait que je le trouve.

Mon histoire personnelle, comme celle de tout homme, est composée d'éléments ordinaires et d'autres extraordinaires. L'élément extraordinaire est que je suis né en Australie de parents australiens sans aucune parenté anglaise. Mais suite à la nomination de mon père comme directeur d'une entreprise australienne installée en Angleterre, nous avons émigré dans ce pays, avec mes trois frères aînés, alors que j'étais encore un nourrisson. L'élément ordinaire est que je suis catholique depuis le berceau, que je suis allé dans une école catholique dirigée par des moines à la fois compétents et bons. Puis je suis passé tout naturellement et sans heurts à l'université. Durant cette dernière période, je savais fort bien que je ne voulais en aucun cas suivre les traces de mon père et de mes frères en faisant carrière dans les affaires. Grâce au ministère d'un intelligent aumônier d'étudiants, je fus conduit vers la méditation régulière et à agir auprès des marginaux de la société, en particulier auprès des gens du voyage. Suite à une série de rencontres, je me suis retrouvé à l'abbaye de Worth et j'ai compris que la vie monastique, ici, contenait tout ce qui m'animait, et qu'il s'y trouvait des moines qui m'inspiraient.

Le Christ m'a-t-il appelé ? Bien sûr que oui. M'a-t-il laissé un message ? Bien sûr que non. Si je devais trouver un moment où j'ai particulièrement senti qu'il m'appelait, je dirais que c'est lorsque, âgé de dix-neuf ans, je me trouvais assis une nuit dans ma chambre d'étudiant à lire la Bible. J'avais décidé plus tôt dans l'année qu'il était temps de lire les quatre évangiles et j'étais alors dans celui de Matthieu. Je lisais le chapitre 10, versets 37 à 39, qui se termine par une parole de Jésus : « Quiconque trouve sa vie la perdra ; quiconque la perd pour moi la trouvera. » Cette parole a résonné en moi et semblait décrire le dilemme que j'affrontais : trouver tout ce qu'une carrière pouvait offrir, et perdre ce que j'évaluais le plus, ou perdre ce qui m'était directement offert et trouver quelque chose d'autre des mains de Dieu. Vue sous cet angle, la décision n'est pas difficile à prendre, mais mettre cette décision en pratique et l'expliquer l'est terriblement. Alors je me suis lancé, pensant que je n'allais probablement pas passer le cap du noviciat ; mais, à ma grande surprise, je me suis épanoui de plus en plus dans cette vie.

Tout au long de ce livre, l'appel du Christ est présent et caché. Je dis « caché » dans le sens où je n'y reviendrai pas. Je dis « présent » dans le sens où les enseignements de Benoît intègrent ceux du Christ. La Règle de saint Benoît est un commentaire de l'Évangile et il est pétri de citations issues de la Bible. Mais ce livre, s'il va vous aider à entrer dans l'enseignement de Benoît, ne demande pas pour autant que vous soyez chrétien. En revanche, on ne peut passer outre au fait que Benoît et sa tradition monastique sont profondément chrétiens. S'il est vrai que les moines chrétiens ont de nombreux points communs avec leurs frères et sœurs d'autres religions, une certaine prudence est nécessaire. Certes, la vie monastique et la prière sont étonnamment similaires dans les traditions catholique et bouddhiste. Et c'est un honneur et un privilège pour notre abbaye de Worth d'entretenir de forts liens d'amitié avec le monastère bouddhique de Chithurst, ici, dans le Sussex. Mais dans le cadre du dialogue profond que nous entretenons, nous reconnaissons aussi bien les différences que les similitudes. Nous, moines bénédictins, sommes des croyants chrétiens, et nous comprendre complètement demande de comprendre les enseignements du Christ.

Mais en ce qui concerne ce livre, si votre réponse à Dieu et au Christ est: «Je ne sais pas quoi croire», alors cela est suffisant. Il suffit que vous gardiez votre esprit et votre cœur ouverts tout au long de la lecture. *À la recherche de la paix perdue* a été écrit en grande partie pour vous, avec vous à l'esprit, et je vous livre ici une petite histoire pour illustrer ce que j'entends par là. Un jour, des personnes d'un certain âge vinrent voir Abba Antoine, en Égypte, l'ermite le plus renommé de son temps. Parmi eux se trouvait Abba Joseph. Pour les mettre à l'épreuve, le vieil Antoine prit une parole de l'Écriture et, commençant par le plus jeune, lui demanda ce qu'elle pouvait signifier. Chacun tenta de l'expliquer le mieux possible, selon ses capacités. Mais le vieil homme répondit à chacun: «Non, ce n'est pas cela, tu n'as pas trouvé.» Vint le tour d'Abba Joseph, le dernier de tous. Abba Antoine lui demanda donc: «Et toi, Abba Joseph, comment expliquerais-tu ce texte?», et il répondit: «Je ne sais pas.» Et Abba Antoine de dire alors: «En vérité, Abba Joseph a trouvé la voie, car il a dit: "Je ne sais pas."»

Cette histoire est tirée du livre *Les apophtegmes des pères et mères du désert*, un recueil de sagesse ancienne qui souvent nous secoue dans nos manières de considérer la vie. Ces pères et ces mères du désert furent les premiers moines et moniales de la tradition chrétienne, vivant dans les lieux déserts du Moyen-Orient durant les IVe et Ve siècles. Le plus fameux d'entre eux fut Antoine le

Grand, sur lequel il existe de nombreuses histoires comme celle relatée ci-dessus. Pour nous aujourd'hui, le monde de ces moines et moniales nous paraît étrange et étranger, plein de démons et de tentations, d'anges et de miracles. Certains moines vivent dans des conditions fort éloignées de notre sensibilité moderne. Un des plus étranges est le Syrien Siméon le Stylite, qui vivait au sommet d'une colonne mais était considéré comme un saint par ceux qui venaient le voir. Ceci dit, lorsqu'on voit David Blaine jeûner pendant quarante-quatre jours dans une boîte de plexiglas suspendue au-dessus de la Tamise avec 250 000 fans venant le voir, on peut se demander si les pères du désert étaient après tout si particuliers ! Et pourtant, le riche comme le pauvre cherchaient auprès d'eux un avis. Ils avaient laissé derrière eux de nombreuses occupations avec leur cortège de soucis, et trouvé un sanctuaire que beaucoup enviaient ou désiraient. Aussi leur sagesse était-elle et demeure-t-elle précieuse.

Dans le sanctuaire du désert, ces pères et mères devinrent parmi les premiers grands maîtres spirituels et parmi les premiers psychologues. Ils sondèrent les profondeurs de l'âme humaine et, de ces profondeurs, ils invitèrent leurs contemporains à regarder la spiritualité d'une manière à la fois créatrice et stimulante. Benoît est né en 480, juste à la fin de leur âge d'or, et il les révérait comme ses mentors. Ils sont de remarquables guides, combinant sagacité, finesse, et une sagesse que nous, modernes, ne pouvons qu'envier. Tout au long de cet ouvrage, les paroles des pères et mères du désert nous accompagneront dans notre périple à la recherche d'un sanctuaire.

Notre quête consiste à apprendre à construire un sanctuaire dans la vie de tous les jours. Donc, pour commencer, je vous invite à considérer les diverses préoccupations de la vie moderne et ce qui les occasionne. Puis je pose la question : « Quels pas concrets doit-on faire pour y établir un sanctuaire ? » J'ai choisi sept degrés issus de la tradition monastique, et chaque degré contribue à la création d'une partie de ce sanctuaire : la porte, le sol, les murs, le toit, les fenêtres, sans oublier le mobilier et tout le nécessaire. Ce sanctuaire, bien que fruit du cœur et de l'esprit, n'en est pas moins réel pour autant.

L'abbatiale de Worth est un grand bâtiment, mais elle est très simple d'architecture, et toujours ouverte, jour et nuit. J'espère que le sanctuaire que vous allez construire, en lisant ce livre, sera tout aussi spacieux, beau et accueillant.

Première partie
La vie quotidienne

1
Comment se fait-il que je sois à ce point occupé ?

Recettes pour mamans débordées, astuces utiles pour enseignants stressés, ateliers pour cadres surmenés… Voici quelques-uns des cours ou séminaires proposés pour nous aider à dépasser notre surmenage. On parle et on agit comme s'il ne pouvait en être autrement, comme si l'on n'y pouvait rien, comme si un malin esprit d'hyperactivité avait envahi la planète. Il fut un temps, dans les bons vieux jours d'antan, où les gens avaient le temps, où la vie se mouvait lentement. Mais la société moderne a tout changé, et maintenant nous sommes embarqués dans un mode de vie où il est impossible de reprendre son souffle. « On n'a plus le temps comme avant », nous dit-on, et nous d'approuver d'un hochement de tête.

J'ai récemment pris l'initiative de demander à ceux qui venaient au monastère, en retraite, où ils reprenaient souffle dans leur vie. Certains d'entre eux ont admis franchement qu'ils n'en avaient ni le temps ni l'espace ; et que c'était justement parce qu'ils étaient à bout qu'ils venaient en retraite. Mais ce surmenage est tant ancré en eux et si endémique que le simple fait de venir en retraite pour quarante-huit heures génère chez eux un fort sentiment de culpabilité. « J'ai laissé mon épouse s'occuper des enfants », disent-ils, ou bien : « Je devrais être en train de travailler » ; et le simple fait d'être au monastère est perçu comme un acte égoïste. Je leur demande alors : « Comment vous êtes-vous autorisés à en arriver là ? » La question les bouscule, car jusqu'à ce jour, la plupart ont considéré que la suractivité de leur vie était à mettre sur le compte d'autrui et des circonstances. Ils sont convaincus, et beaucoup d'autres avec eux, que la vie moderne est intrinsèquement active, qu'être surmené est une des peines du XXIe siècle dans un pays développé, et qu'un jour ils prendront enfin la décision d'échapper à tout cela… mais pas maintenant.

Être « surmené » est, bien sûr, un terme relatif, comme l'illustre avec humour cette publicité montrant un homme à bicyclette scotché derrière un bus à l'arrêt. Et le cycliste de s'écrier : « Wouah ! Quel embouteillage ! », alors que les deux sont perdus sur une île des Caraïbes. Mais laissons de côté pour le moment le caractère relatif du surmenage, et regardons d'un peu plus près ce qui occasionne ce sentiment contemporain de *trop* en faire.

Pour dire les choses directement : si quelqu'un dit qu'il est trop occupé, soit il l'est vraiment, soit il *croit* qu'il l'est. Dans l'un comme dans l'autre cas, la responsabilité est sienne : soit il a choisi de vivre une vie trépidante, soit il a choisi de croire qu'elle l'est. Quand je dis à des retraitants qu'ils ont choisi le surmenage, ils ont du mal à l'accepter. Cependant, l'expérience des cinq hommes de l'émission « The Monastery » suggère que cela est bien plus vrai qu'on ne veut l'admettre. Plusieurs d'entre eux eurent la plus grande difficulté à accepter tout simplement de n'avoir pas grand-chose à faire et d'être silencieux sur de longues périodes. Rester calme, immobile et sans parler leur était complètement étranger et, au début, loin d'être bienvenu : Tony et Anthoney, en particulier, continuaient d'utiliser leurs téléphones portables plusieurs jours après leur arrivée et trouvaient difficile de s'installer dans une absence d'activité. Il est donc nécessaire d'expliquer comment on en est venu à choisir l'hyperactivité. En Grande-Bretagne, ce choix s'enracine dans la manière dont la vie a changé dans les années 1980. Un aperçu rapide de ce bouleversement permet de mettre en perspective les énormes pressions qui s'exercent sur les Britanniques d'aujourd'hui. Mais d'autres pays développés vivent des expériences similaires.

La Grande-Bretagne du XXe siècle abondait en organisations telles que syndicats de travailleurs et corporations professionnelles qui régulaient en grande partie la vie quotidienne. Par exemple, les syndicats protégeaient les employés des durées de travail trop longues et pas assez rémunérées, et les corporations permettaient aux médecins, juristes, et autres professions de gérer leur manière de travailler. Mais dans les années 1980, la situation économique est devenue mauvaise et le gouvernement Thatcher a dû s'atteler au problème. Sa solution consista à détruire, ou du moins à réduire, le pouvoir des syndicats. Cela a certes permis aux forces du marché d'opérer plus librement, et forcé l'économie britannique à se moderniser, mais la loi du marché a alors régi tous les aspects de la vie. Ceci s'est appliqué à la classe ouvrière comme aux autres couches de la population. Loin de chercher à protéger, l'État favorisait désormais la compétition, de manière à ce que la loi du marché façonne la vie des citoyens. Les institutions qui fournissaient l'eau, le gaz et l'électricité furent vendues à des entreprises qui réduisirent les coûts, tout en essayant de satisfaire les demandes du consommateur. Même le *National Health Service*, le service public de la santé, en vint à créer un « marché interne ».

Nous sommes tous des consommateurs

Cette économie de marché conduisit inévitablement à l'émergence d'une approche consumériste de la vie, avec le slogan : « C'est le consommateur qui décide. » Dans ce monde consumériste, on promet à tous la capacité de tout acheter parmi un éventail de plus en plus large de produits de plus en plus performants. Auparavant, les marchands vendaient toujours le même produit, de la même manière, au même endroit, au même moment. Mais aujourd'hui, on vous propose toujours plus grand et mieux que la fois précédente, où vous voulez, quand vous voulez. Vous pouvez donc acheter n'importe où et n'importe quand la dernière version de n'importe quoi. Alors que le consommateur peut, théoriquement, dire : « Bon, maintenant j'en ai assez, ça me suffit », et peut arrêter de consommer, le marché fait tout pour que le consommateur ne prenne jamais une telle décision.

La société britannique voit donc désormais la personne comme un consommateur potentiel. Le glissement qui s'est opéré dans les chemins de fer illustre parfaitement ce fait, les voyageurs cessant d'être des usagers pour devenir des clients. Même les écoles et les hôpitaux (et pas seulement les hôpitaux privés) traitent maintenant les élèves et les patients comme des clients. Nous sommes désormais tous des consommateurs.

Cette compulsion consumériste repose sur des suppositions plus ou moins avouées : tout d'abord sur le fait qu'il y a une infinité de produits provenant d'une infinité de chaînes de productions ; ensuite que le consommateur doit s'engager dans un travail productif sans fin afin de gagner l'argent nécessaire pour nourrir une consommation sans fin.

Du coup, alors que les cadres, les cols-blancs et le secteur tertiaire menaient une vie confortable, ils vivent désormais sous pression ; alors que les ouvriers pouvaient compter sur un travail à vie dans une industrie stable, ils doivent maintenant intégrer évolution de carrière et conversion professionnelle. Et on nous pousse à consommer, à consommer nous-mêmes et à faire consommer les autres pour que leur consommation nous permette d'être payés à la fin du mois. Voici ce avec quoi nous avons choisi de composer, et qui fait que nous sommes surmenés. En ce sens, nous *choisissons* d'être dans cet état.

Autrement dit, le mode de vie consumériste force les gens à travailler durement afin d'atteindre leurs désirs de consommateurs. Ce désir de la plus grosse voiture ou des plus belles vacances pousse les gens à trop travailler, et ceux qui sont pris dans cette spirale ont la plus grande difficulté à prendre la décision de sortir du cercle infernal en renonçant à certains de leurs désirs et en créant de la place pour un sanctuaire. Mais cette prise de conscience faite, vous pouvez prendre plus facilement du recul par rapport à cette culture et la remettre en question. Vous êtes une personne libre, et vous pouvez choisir jusqu'à quel niveau aller. Vous devez absolument être convaincu que vous pouvez choisir librement de résister à la pulsion de l'hyperactivité et prendre le chemin qui conduit au sanctuaire.

Envie de tout quitter !

L'industrie touristique moderne surfe sur ce que je viens de souligner. Les brochures de voyage jouent sur la promesse d'une pause dans la fuite en avant : « Envie de tout quitter ? Venez avec votre famille à Disneyland ! » Et elles offrent comme antidote à la consommation et à la frénésie du monde un autre produit de consommation : les vacances organisées. L'homme moderne travaille comme un fou pour produire des produits de consommation, puis se tourne vers un produit de consommation pour se soulager du travail.

Tout prendre puis tout quitter montre bien que l'on reste dans l'activité constante qui n'offre comme réponse que la possibilité de tout laisser derrière soi à travers des vacances d'une semaine ou deux. Mais, bien avant les années 1980, ce fut le mouvement hippy des années 1960-1970 qui consacra, sans le vouloir, cette croyance en l'inévitabilité de l'hyperactivité par son invitation à abandonner la société. Si se retirer est la seule solution, on montre bien par ce retrait que changer la société est considéré comme impossible. La société est foncièrement avide et agressive, et le seul moyen de survivre quand on est plongé dedans consisterait à courir plus vite que les autres.

Bien d'autres secteurs que le tourisme se sont engouffrés dans le marché du mieux-être et proposent des pauses dans la vie trépidante : spas, jacuzzi, solarium offrant «le ciel», relaxation et thérapies alternatives en tout genre... Ces produits ne sont pas forcément inutiles, mais ils ne traitent que les symptômes.

Nombreux sont ceux qui cherchent une réponse en usant de ces produits présents sur le marché allant dans le sens du retrait, mais d'autres vont dans le sens opposé. J'ai souvent entendu cette phrase, venant de personnes en retraite au monastère : «Je ne peux pas rester sans rien faire.» Alors que font-ils? Un hobby garde leurs mains occupées et leur esprit concentré sur autre chose. En fait, ils *aiment* être occupés. Tout ceci fonctionne comme un «antisanctuaire», une autre place, tout aussi occupée que celle qu'on a quittée, mais où l'on se trouve déconnecté de ses préoccupations habituelles. Les animaux de compagnie, le sport, les hobbies... sont des occupations choisies par chacun, utilisées comme antidotes à celles imposées par la société de consommation. Mais même ces occupations-là peuvent être assimilées à des produits de consommation faits pour rendre cette société éreintante plus supportable, mais créant, en retour, encore plus de fatigue.

Le «tout quitter» du tourisme, les produits de relaxation et les passe-temps fournissent une pause et un refuge dans ce monde de consommateurs/producteurs, mais ils font partie intégrante de ce monde. Ils ne proposent que des solutions temporaires et transitoires, tout simplement parce qu'ils ne s'attaquent pas aux vrais problèmes. Comme beaucoup d'autres produits, ils ne sont que des substituts « instantanés », remplaçant la substance réelle des choses. Le café instantané fait bien piètre figure comparé à un vrai café. Pour Benoît et toute la tradition monastique, la substance des choses est à trouver dans un endroit bien différent.

Les moines et le stress

Vous vous demandez peut-être ce que les moines connaissent des pressions de la vie moderne et du degré auquel sont soumis leurs contemporains. Je répondrais que si notre société a, ces dernières années, cédé collectivement à l'hyperactivité à un point jamais atteint, la tentation de l'hyperactivité n'est pas nouvelle. Une histoire racontée au sujet d'Arsène, un des pères du désert, en est une bonne illustration. Arsène était un sénateur romain de la fin du IVe siècle et le précepteur des fils de l'empereur Théodose. Âgé de tout juste trente-quatre ans, il quitte secrètement Rome et s'embarque pour l'Égypte – une crise de la quarantaine dans toute sa splendeur ! Mais il n'est pas en train de convoler avec une nouvelle partenaire en direction d'une île paradisiaque. Il se dirige vers l'Égypte afin de rejoindre une communauté de moines, devenant finalement un ermite renommé pour son silence et son austérité. Parmi les nombreuses histoires racontées à son sujet, celle qui suit se rattache à notre propos.

Un jour, dans sa cellule, il entend une voix l'appelant : « Viens, je vais te montrer comment œuvrent les hommes. » Il suit la voix qui le conduit à un endroit où un Éthiopien coupe du bois avec lequel il fait une grande pile. Puis il essaye de la porter, mais en vain. Au lieu d'enlever quelques bûches, il en coupe d'autres qu'il ajoute à la charge existante. Encore une fois il essaye de la porter, et encore une fois il échoue. Et il recommence encore et encore. Puis la voix conduit Arsène plus loin, près d'un homme occupé à puiser de l'eau dans un lac pour la verser dans une citerne percée qui laisse revenir l'eau dans le lac. Et il continue malgré tout à vouloir remplir la citerne. Allant plus loin encore, Arsène voit deux hommes à cheval, portant chacun l'extrémité d'une poutre. Ils essayent de passer de front la porte d'un temple, mais la poutre les en empêche, car trop longue, et aucun des deux ne veux passer derrière l'autre afin de la placer dans le sens de la longueur. L'histoire s'achève avec la voix disant : « Que chacun soit attentif à ce qu'il fait au risque de travailler en vain. »

Cette brève histoire d'un ex-leader de la superpuissance de son temps surprend par sa similitude avec notre époque. Nous empilons les richesses que nous ne pouvons porter, et quand bien même nous y arrivons, notre orgueil nous empêche de nous en sortir. Par manque d'humilité, les hommes à cheval se voient interdire l'entrée du temple où ils devraient trouver le repos. Les pères et mères du désert savaient mieux que nous combien le fait d'être occupé à produire et à consommer empêche de se confronter aux réalités plus profondes de la vie. Mais à l'inverse de nous, ils firent obstacle à cette tendance.

Nourri de cette tradition du désert, Benoît savait très bien qu'en tant qu'abbé, il pouvait perdre beaucoup de temps dans l'activisme et se tromper de cible : « Par-dessus tout, l'abbé ne doit pas montrer trop de préoccupation pour les choses passagères et temporelles de ce monde, négligeant ou traitant légèrement la sauvegarde de ceux qui lui sont confiés » (Règle de saint Benoît 2, 33). Le « par-dessus tout » est significatif : Benoît savait que se trouvait là une tentation redoutable lorsqu'on est en position de responsabilité. Pour un abbé, la tentation consiste à s'occuper des affaires matérielles plutôt que des affaires de son âme et de celles de ses moines, tâche autrement plus difficile. Moines et laïcs rencontrent donc la même tentation. L'avantage que nous avons, nous les moines, est que notre tradition reconnaît non seulement le danger mais fournit également des outils pour l'affronter.

Par où commencer ?

L'antidote pour lutter efficacement contre l'hyperactivité ne peut être trouvé qu'en dehors du monde consumériste, et Benoît nous en indique le lieu. Les barbares envahissaient l'Empire romain, ils étaient à sa porte. Benoît en était conscient, et il lui fallait créer un espace qui déborde et dépasse ce monde-là et lui survive. Dans la vie monastique, mes frères et moi-même sommes venus à appeler cet espace « sanctuaire ». Benoît n'utilise pas ce terme, mais le mot rassemble, pour le monde moderne, nombre des aspirations les plus profondes de Benoît. Parler de sanctuaire nous fait immédiatement quitter le problème du surmenage du monde moderne pour nous faire entrer dans une spiritualité porteuse de paix. La question de la quête d'un sanctuaire résonne profondément, va droit au cœur de plusieurs dilemmes contemporains et porte en elle la solution à ces dilemmes.

L'étymologie du mot lui-même décrit déjà dans quelle direction la quête va se porter. « Sanctuaire » a deux significations : la première vient du latin sanctus, signifiant « saint ». La première signification est donc « espace sacré » et dérive de la première : « lieu de refuge », un lieu où quelqu'un en fuite peut se réfugier. Certes, les vacances organisées et les techniques de relaxation correspondent à ce second sens du mot « sanctuaire », mais ils ne correspondent en rien au premier sens d'espace sacré. J'irai jusqu'à dire qu'un lieu de refuge consumériste restera toujours risqué car non enraciné dans un espace sacré. Le sacré ne peut être le produit de la société consumériste, car il ne peut être fabriqué. Le sacré est un don de la vie. Le sacré se donne à trouver quand nous le reconnaissons comme tel. Le sacré ne peut être trouvé si nous le considérons comme un objet de fantaisie ou une simple pause pour reprendre souffle. Comme l'a dit une femme venant en retraite à l'abbaye : « J'ai commencé à comprendre que le sanctuaire n'est pas simplement du temps mis à part, une pause dans une suite sans fin de moments successifs, mais l'opportunité d'une écoute intensive, rendue étrangement unique par la compagnie des autres. »

Dans son prologue à la Règle, Benoît laisse un indice sur la voie du sanctuaire : « Posons cette question au Seigneur :

"Qui séjournera sous ta tente, Seigneur ? Qui reposera sur ta sainte montagne ?" Après cette question, frères, écoutons la réponse du Seigneur qui nous indique le chemin de sa tente : "Celui qui marche sans tache, dit-il, est juste en ses voies, qui dit la vérité selon son cœur ne trompe pas les autres avec sa langue"» (Règle de saint Benoît 23, 6).

Le point de départ pour entrer dans le sanctuaire sacré est la qualité de nos comportements au jour le jour, avec notre entourage. On ne peut maltraiter les autres à un moment et trouver le sanctuaire dans le moment qui suit. Trouver le lieu sacré commence avec la reconnaissance du sacré dans notre vie de tous les jours.

Ce truisme a besoin d'être exposé et assimilé par toute personne qui recherche sincèrement le sanctuaire. Il ne doit pas être écarté d'un revers de main, par un : « Mais oui, bien sûr », ou par un : « Ce qui m'intéresse, c'est la paix et la quiétude, pas la morale. » La paix que Benoît offre est symbolisée par la devise de l'ordre bénédictin, *pax*, qui entoure ce mot latin pour « paix » d'une couronne d'épines. Il n'y a pas de paix sans sacrifice, et il n'y a pas de paix sans justice. Ces simples vérités sont communément appliquées à la paix entre les nations, mais elles s'appliquent également à la vie ordinaire de tous et au niveau des relations sociales.

Dans « The Monastery », un des participants, Tony Burke, atteignit un tournant au trente-huitième des quarante jours. Il avait pris à cœur son séjour dans le sanctuaire du monastère. Son métier d'alors consistait à faire des vidéos afin de promouvoir un tchat sexuel, et la perspective de revenir à son ancien mode de vie le tourmentait. Au cours de sa dernière nuit, il eut une profonde expérience de la présence de Dieu et il fut convaincu que sa vie devait changer. Parmi les divers effets de cette expérience, l'un d'eux fut de quitter son travail. Il travaille désormais dans une agence « normale » de publicité et médite chaque jour. Si vous voulez trouver l'espace sacré dans votre vie, alors vous vous devez de vouloir « marcher sans tache ». Vous ne manquerez pas, bien sûr, de tomber sur le chemin, mais faillir est bien différent de ne pas même essayer de se mettre en route.

La vertu, porte ouvrant sur le sanctuaire

J'espère avoir ouvert dans ce chapitre un regard nouveau sur les origines de la suractivité et sur quelques « solutions » contemporaines qui ne traitent que les symptômes mais pas la maladie elle-même. Je voudrais le conclure en désignant un chemin vers le sanctuaire, une porte par laquelle nous pouvons entrer dans l'espace sacré. J'en ai déjà touché un mot en disant que la manière dont vous menez votre vie quotidienne est un élément clé pour trouver le sanctuaire. Au début de sa Règle, saint Benoît propose à ses moines une sorte d'aide-mémoire pour leur rappeler qu'on ne peut passer outre aux comportements ordinaires de la vie humaine dans la quête spirituelle, qu'ils sont même cruciaux. Le court extrait qui suit résume magistralement la façon d'intégrer la poursuite de la vertu humaine dans une quête spirituelle juste et vraie : « N'agis pas sous le coup de la colère. Ne nourris pas de moments pour te venger. Ne garde pas de ruses dans ton cœur. Ne donne pas de fausses ou de creuses salutations de paix. Ne t'éloigne pas quand quelqu'un a besoin de ton amour. Ne jure pas, au risque de venir à trahir ton serment, mais dis la vérité de cœur comme de bouche » (Règle de saint Benoît 4, 22-27).

Pour entrer dans le sanctuaire, il faut trouver la porte, et cette porte est la vertu. Pour vous aider à localiser cette porte dans votre vie, je vous suggère de prendre l'extrait cité de la Règle et de l'utiliser comme examen de conscience. Un des moyens de le faire consiste à prendre chacune des phrases et de remplacer la seconde personne du singulier à l'impératif par la première personne du singulier à l'indicatif pour passer du « tu » au « je ». Ce qui donne : « Je n'agis pas sous le coup de la colère. Je ne nourris pas de moments pour me venger. Je ne garde pas de ruses dans mon cœur. Je ne donne pas de fausses ou de creuses salutations de paix. Je ne m'éloigne pas quand quelqu'un a besoin de mon amour. Je ne jure pas, au risque de venir à trahir mon serment, mais je dis la vérité de cœur comme de bouche. » Si cette version personnalisée se révèle difficile à lire, sonne faux par rapport à votre vie, alors gardez-la par-devers vous à la fois comme un appel chaque matin et comme un contrôle du soir. Repassez devant vous les moments où vous avez été vrai avec ces mots, réjouissez-vous de ces moments, et reconnaissez ceux où vous n'avez pas été à la hauteur de cet idéal. Peu à peu, jour après jour, laissez les mots passer de votre tête à votre cœur jusqu'à ce qu'ils viennent façonner à la fois vos journées et vos relations. La porte du sanctuaire est la porte de votre cœur.

Ce genre de conseils portant sur les vertus est souvent inscrit dans les règlements intérieurs d'entreprises, dans les codes de bonne conduite commerciale pour hommes d'affaires : la tromperie et le mensonge se sont révélés destructeurs pour de grandes entreprises comme Enron, WorldCom ou encore le cabinet Andersen. Autrement dit, la vertu est nécessaire dans la vie professionnelle aujourd'hui, et les vertus traditionnelles sont désormais enseignées aux cadres. Tout ceci fait partie de la résurgence de la vertu comme part nécessaire du tissu sociétal. Les signes abondent, montrant que les dirigeants et cadres d'une société de consommateurs/producteurs sont eux-mêmes conscients des effets corrosifs d'une telle société. Ils voient désormais que la vertu permet à une personne aussi bien de protéger que de favoriser ce qu'elle a de mieux chez elle et dans sa vie, tant personnelle que professionnelle. C'est la vertu qui permet de travailler avec conviction et pour le bien des autres, c'est elle qui prévient les vices qui peuvent nous mener dans un tourbillon sans fin de dépravation.

Certes, certains hommes d'affaires voient la vertu comme un outil fort utile pour gagner la confiance du consommateur, annexant alors la vertu à la société de consommation, lui demandant de n'être qu'un autre produit productible/consommable. Ce que je propose est fort éloigné de cela. Si nous considérons la vertu comme étant tout simplement la voie juste à suivre pour vivre, et ce, quel qu'en soit le prix, alors la vertu est sacrée. La vertu est la porte donnant sur le sanctuaire parce que la vertu n'est pas un produit consommable, un simple moyen de nous protéger de notre anxiété, une pause dans notre vie trépidante, quelque chose que l'on pourrait acheter en vue de soulager les symptômes de la vie moderne. La vertu est la reconnaissance du sacré dans notre vie ordinaire. Quand nous ouvrons la porte de la vertu dans nos vies personnelles et professionnelles, nous ouvrons la voie vers un sanctuaire de paix, pour nous-même et pour les autres. Nous sommes capables de vivre une vie unifiée, avec les mêmes valeurs vécues à la maison comme au travail, une vie transparente et qui n'a rien à cacher.

La vertu n'est pas suffisante pour mener au sanctuaire, mais elle est la voie obligée pour y entrer. Benoît est conscient que la porte de la vertu peut en effrayer certains, si bien qu'ils ne l'ouvrent jamais et ne vont pas plus loin. « Ne te laisse pas tout de suite troubler par la peur et n'abandonne pas le chemin du salut. Au début il est toujours étroit » (Règle de saint Benoît, Prologue, 48). Oui, en vérité, la vertu est une porte étroite, mais l'espace derrière cette porte s'étend à l'infini – l'espace infini du vrai sanctuaire. Le sanctuaire acheté, comme des vacances ou une thérapie, a forcément une fin. Le mythe de la consommation sans fin et sans frein est bien un mythe. Lorsque nous pénétrons dans le vrai sanctuaire par la vertu plutôt qu'en achetant un ticket d'entrée, nous choisissons de laisser toute forme d'achat à la porte. En entrant par cette porte, nous pouvons nous concentrer sur la création de nouveaux lieux sacrés dans le large espace qui s'étend devant nous, maintenant que la consommation est derrière. La vertu est vraiment la porte qui ouvre sur le sanctuaire de l'espace infini.

Pousser la porte et entrer

Ayant localisé la porte, il vous faut maintenant entrer dans le sanctuaire. Il s'agit d'un sanctuaire du cœur et de l'esprit où les lois normales de la physique ne s'appliquent pas. Aussi, au moment même où vous passerez la porte et poserez le pied à l'intérieur, vous apercevrez-vous que le sol est encore à poser, et par vous-même! Pour le vrai sanctuaire, Dieu vous donne les plans et vous montre quoi faire et comment, mais personne ne peut le construire à votre place. Tous les sanctuaires sont construits à partir d'un même plan divin, cependant chacun est différent et dépend de celui qui l'habite. Il est unique parce que chaque habitant du sanctuaire en a été également le maçon.

Je vous invite donc à passer la porte et à y faire votre premier pas. Le sol sous vos pieds sous-tend et soutient toute la vie du sanctuaire. Il comprend un matériau que beaucoup de personnes aujourd'hui reconnaissent désirer avec ardeur: le silence.

Deuxième partie

Les étapes monastiques

2
Première étape : le silence

> « *Quelquefois, nous devons éviter de parler, même pour dire des choses bonnes. Et cela, par amour du silence.* »
> RÈGLE DE SAINT BENOÎT 6, *GARDER LE SILENCE*

Du bruit dans ma tête

Un sol de silence, une moquette de silence, voilà ce que nous devons créer lorsque nous faisons notre premier pas dans le sanctuaire – ce qui est beaucoup demander pour nombre de personnes aujourd'hui. Quelle est donc la place accordée au silence dans notre vie de tous les jours ? Pour commencer, notez que le silence est souvent considéré comme gênant : témoin le silence embarrassé lors d'une réception par exemple où l'on ne sait pas quoi dire, ou celui de personnes étrangères les unes aux autres se retrouvant coincées ensemble dans un ascenseur. Ces silences nous troublent. Mais il est par ailleurs des silences qui nous consolent et nous apaisent : celui d'un enfant qui dort, le calme de la montagne ou la tranquillité d'une église.

Il en est du son comme du silence : il peut être bon ou mauvais. Mais lorsqu'il s'agit du son, nous avons un mot pour les distinguer. Le mauvais son, nous l'appelons « bruit ». Le bruit incessant nous stresse et nous prive du sommeil réparateur au point qu'il est même utilisé comme moyen de torture. Le son juste et approprié, en revanche, est grandement apprécié et recherché. La musique rock, vraiment forte, est populaire et les night-clubs la déversent sur des consommateurs qui ont payé pour l'entendre. Alors qu'elle entre dans la catégorie du bruit pour certains d'entre nous, elle est pour d'autres du dernier cri. Même dans le cadre plus doux d'un supermarché ou d'un ascenseur, de la musique est émise en sourdine pour rompre le silence qui nous gêne. De manière plus positive, la musique classique est utilisée dans les classes pour calmer l'atmosphère et aider les élèves à se concentrer. Fondamentalement, le bruit nous perturbe et le son nous aide.

À l'abbaye de Worth, nous accueillons beaucoup de gens qui viennent en retraite pour la première fois et nous les invitons à passer quelque temps en silence. À un certain niveau, c'est ce à quoi ils aspirent et ce pour quoi ils sont venus. Aussi sont-ils souvent surpris de voir qu'à peine ce lieu de silence trouvé, qu'à peine leur télévision et leur vie trépidante mises de côté, leur tête s'emplit de pensées triviales : « Je me demande ce qu'il peut bien y avoir à dîner ce soir » ; « Ça fait bien longtemps que je ne suis pas allé chez le dentiste » ; « Il faut que j'écrive à mon cousin ». Ils découvrent, à leur grande honte et embarras, que les préoccupations de la vie sont tellement ancrées en eux qu'ils ne peuvent s'en défaire. Vider notre tête de toute pensée, mot et image est presque impossible. Cependant, ces bruits internes stressants doivent d'une certaine manière devenir de doux sons intérieurs.

Le silence monastique

Pour nous aider à considérer de plus près ces « bruits dans la tête », je voudrais jeter un œil sur la manière dont nous cherchons à éviter le silence et sur la manière d'établir des espaces de silence dans nos vies. Les cinq hommes de l'émission « The Monastery » trouvèrent tous que le silence était l'aspect le plus difficile à suivre de la vie monastique, et, d'une certaine manière, ils ne sont jamais parvenus à pleinement l'embrasser. Un arrière-fond de silence traverse toute la tradition monastique : là où aujourd'hui on met un arrière-fond de musique, les moines mettent un arrière-fond de silence. Dans certains monastères, chez les trappistes par exemple, la règle veut que le silence ne soit brisé que dans le cadre du travail et dans celui de l'accueil des hôtes. Dans les monastères bénédictins, nous avons également des temps dévolus à la récréation et à la conversation, et notre travail inclut souvent des activités pastorales d'enseignement, d'animation de retraites, ou encore de paroisse. Mais tous les monastères établissent, de toute façon, un arrière-fond de silence lors des repas durant lesquels on n'entend que le moine lisant un livre à haute voix ; par ce que nous appelons « le Grand Silence » qui, de neuf heures du soir environ jusqu'aux alentours de huit heures du matin, permet au silence de la nuit de gagner en intensité et en profondeur. Le rythme monastique comprend non seulement cet arrière-fond général de silence, mais aussi deux périodes d'une demi-heure, matin et soir, réservées à la méditation.

La qualité du silence extérieur facilite le développement du silence intérieur. Benoît savait cela, et son désir d'établir un fort silence extérieur trouvait là sa raison d'être. Ce silence n'est donc pas une fin en soi mais il est là pour permettre au silence intérieur de grandir dans le cœur du moine de manière que sa vie intérieure puisse s'épanouir et fleurir. Une analogie avec le jardinage peut aider à comprendre le processus. Lorsqu'on entre dans le silence, les premières choses que l'on remarque si l'on n'y est pas habitué sont les multiples distractions, qu'on pourrait assimiler à de mauvaises herbes, qui nous assaillent. On s'évertue à les arracher et à les jeter au loin. Mais elles repoussent si vite qu'on se demande pourquoi on se donne tant de peine pour rien. Il est important cependant de persévérer dans l'arrachage des mauvaises herbes afin de laisser le champ libre aux fleurs. Ces fleurs, en l'occurence les paroles de Dieu, ne peuvent pousser que si l'on a ouvert un espace pour elles. Mais les fleurs poussant moins vite que les mauvaises herbes, il faut être patient et obstiné. Le problème vient simplement du fait que nous abandonnons souvent trop tôt.

Pour revenir à nos cinq hommes de l'émission, ils se rendirent bien compte que parvenir à un vrai silence allait prendre et demander du temps. Leur premier réflexe fut de remplir le silence, de le remplacer par autre chose. Converser avec les autres ou mettre de la musique ont été parmi leurs moyens les plus usités pour rompre le silence. Après dix jours, cependant, il y eut un tournant dans leur retraite : ils commencèrent à s'apercevoir que le silence leur offrait quelque chose qu'ils désiraient désormais accueillir. Dans un moment semi-dramatique teinté de comédie, ils me remirent spontanément téléphones portables et baladeurs MP3. Je n'avais pas voulu confisquer ces objets à leur arrivée car je voulais qu'ils agissent en adultes libres, capables de faire de vrais choix. Je voulais qu'ils acquièrent par eux-mêmes une nouvelle manière de concevoir le silence et de l'utiliser. L'un d'eux, Tony, considéra qu'il devait aller encore plus loin et rompre avec la lecture de romans. De fait, la lecture aussi peut être un moyen de fuir tout ce que le silence peut offrir si elle est vécue comme incursion d'une distraction dans le monde intérieur. Aussi comprend-on que les romans aient pu suivre pour lui le même chemin que son téléphone et son baladeur. Mais certains moines que j'ai connus, parmi les plus priants, lisaient énormément de romans, savaient les apprécier et en tirer tout le suc, ayant appris à équilibrer contemplation et fiction. Entrer dans une nouvelle manière d'appréhender le silence n'exclut pas les moments de détente, au contraire même, mais il faut bien distinguer entre relaxation et distraction.

Le silence cartusien

L'abbaye de Worth ne fut pas le seul monastère à ouvrir ses portes aux caméras de télévision pour l'émission «The Monastery». Les chartreux de Parkminster répondirent généreusement à notre demande consistant à permettre aux cinq hôtes de notre abbaye d'aller leur rendre visite avec toute l'équipe de télévision. Un tel accès à une chartreuse est rare, et la visite eut un fort impact tant sur les visiteurs que sur les téléspectateurs. La raison pour laquelle je veux parler des chartreux dans le cadre de ce chapitre sur le silence vient du fait qu'ils ont la plus profonde vie de silence de tous les ordres religieux. Tout d'abord, donc, un mot sur leur histoire.

En 1084, saint Bruno guida un groupe de six compagnons dans le massif désert des Préalpes françaises appelé Chartreuse (*cartusia* en latin, d'où l'adjectif « cartusien »). Ils aspiraient à imiter le mode de vie des pères du désert, en suivant tout spécialement l'exemple des ermites. Ils ne voulaient pas suivre la Règle de saint Benoît, écrite pour des moines vivant en communauté, mais au contraire vivre comme des ermites se soutenant les uns les autres. Sous l'inspiration de l'Esprit Saint, un mode de vie s'est donc développé, ayant toujours cours aujourd'hui : un mode de vie transmis autant par l'écrit que par l'exemple. Peu à peu, ce mode de vie de la Grande Chartreuse se répandit sur toute l'Europe et ces monastères furent reliés entre eux pour constituer un ordre avec ses règles et son organisation générale. Aujourd'hui, trente-cinq monastères répartis sur trois des cinq continents suivent encore la voie de saint Bruno. Chaque moine vit dans son propre petit ermitage incluant un jardinet. Ses repas sont apportés par des frères une fois par jour et la prière vocale est célébrée en commun à l'église trois fois par jour. Chaque moine vit comme un ermite dans un complet silence, rompu seulement par les mots de la prière et par une promenade hebdomadaire en commun. Le but de cette vie est ainsi décrit : « Chercher Dieu lui-même plus ardemment, le trouver plus promptement et le posséder plus pleinement; ainsi pourrons-nous, par la grâce du Seigneur, parvenir à l'amour parfait.»

Le mode de vie cartusien est extraordinaire de par son intensité, même selon les standards du monasticisme chrétien ordinaire. Au centre se trouve la vie quotidienne du moine dans son ermitage. Le silence est l'air qu'il respire. Ce silence passe du statut de discipline extérieure à respecter, à un mystère intériorisé de rencontre avec le Réel surpassant tout mot et concept. Je laisse les Statuts de cet ordre monastique s'exprimer sur ce point: «Seul connaît les fruits du silence celui qui en a fait l'expérience. Au commencement il faut un effort pour se taire; mais si nous y sommes fidèles, peu à peu, de notre silence même naît quelque chose en nous qui nous attire à plus de silence.»

Il fut un temps où il y avait douze chartreuses en Angleterre, toutes détruites sous Henry VIII. Aujourd'hui, la seule chartreuse présente pour toutes les îles Britanniques et l'Irlande se situe à Cowfold, dans le Sussex. Vous seriez surpris de voir qu'y vivent plus de vingt moines, et que les novices affluent. L'histoire des chartreux passés et présents nous rappelle que le pouvoir du silence vécu en solitaire est si réel qu'il peut, de fait, remplir la vie entière de certaines personnes. Et je suis convaincu que s'il peut satisfaire toute une vie pour quelques-uns, il doit la satisfaire au moins en partie pour tous.

Benoît et le silence

Benoît appelle son chapitre sur le silence *De taciturnitate*, que l'on pourrait traduire par «Du fait de se restreindre du besoin de parler ». Il commence par les mots du Psaume : « J'ai résolu de surveiller ma conduite pour ne pas pécher avec ma langue. » Le fait que la langue puisse être une source de maux est bien peu considéré en notre ère toute tournée vers la communication. Nous croyons qu'il est bon de dire tout ce qui nous passe par la tête ; Benoît n'en est pas si sûr. Il cite deux fois le livre des Proverbes dans ce chapitre : « Quand tu parles beaucoup, tu n'évites pas le péché » (Proverbes 10, 19) et « La langue est capable aussi bien de tuer que de donner la vie » (Proverbes 18, 21). La vulgarité et le commérage sont particulièrement désapprouvés, spécialement s'ils prêtent à rire. Benoît condamne toute conversation dans laquelle nous nous complairions juste pour rire. Nous parlerons plus tard de la nécessité d'avoir un sens de l'humour afin de vivre la vie spirituelle. Mais disons dès à présent que Benoît n'est pas en train d'expliquer que l'humour est mauvais. Il dit qu'étant donné notre propension à vite déraper, il vaut mieux omettre, dans nos conversations, les plaisanteries, les paroles inutiles et tout ce qu'on dit seulement pour faire rire les autres. Une fois dans ces dispositions, regardez ce qui se passe, vous remarquerez que vous aurez plus de temps pour écouter ce qui importe dans la vie de ceux qui vous entourent et dans la vôtre. L'enseignement de Benoît culmine dans cette simple demande : « Le propre du disciple est de se taire et d'écouter. »

Un moine bouddhiste m'a dit un jour : « Le silence vous enseignera toute chose. » Ceci rappelle cette petite histoire des pères du désert : un certain frère vint voir

Abba Moïse, désirant un mot de lui. Et le vieil homme lui dit : « Va, assieds-toi dans ta cellule, et elle t'enseignera toute chose. » Le fait de s'asseoir sans bouger, en silence, avec rien d'autre autour de soi que ce silence, fait peur à beaucoup, et non sans raison. Antoine d'Égypte explique pourquoi : « Celui qui s'assied dans la solitude et le silence a échappé à trois guerres : celle de l'ouïe, de la parole et de la vue. Cependant il doit continuer à batailler, et c'est en son propre cœur. »

Quand on passe du temps dans la solitude et le silence, on a inévitablement à lutter contre ses propres démons. En vérité, cette expression « lutter contre ses démons » vient tout droit de la tradition des pères et mères du désert qui parlent quasi littéralement des forces du mal qui vont pousser le moine ou la moniale à chercher à fuir la solitude, le silence et la prière. Il est facile de ridiculiser la personnification de ces forces en « démons », mais qui s'est sérieusement engagé dans une vie de silence et de prière sait que ces forces sont redoutablement réelles, personnifiées ou non. Tout au long de ce livre, nous allons aborder ces parties obscures de la réalité qui peuvent faire surface une fois que le silence et la prière sont poursuivis sans trêve. Le fait de croire que le silence conduit à la tranquillité est une notion moderne. La tradition monastique ne voit toute forme de tranquillité que comme une consolation passagère destinée à encourager le commençant, mais appelée à disparaître une fois que la quête de Dieu est poursuivie avec une réelle détermination ; et les démons se mettent alors au travail afin d'éviter tout progrès supplémentaire.

Mais nous anticipons ici, et il nous faut traiter certains des aspects pratiques qui peuvent permettre au silence de jouer un plus grand rôle dans la vie de tous les jours.

Les enfants et le silence

Pour beaucoup de gens, il s'agit de trouver à la fois un temps et un lieu de silence dans une vie surchargée. Dans ces conditions, la quête du sanctuaire est très pratique. En ce qui me concerne, ma vie tourne autour de temps de silence et en un même lieu très privilégié. Mais j'ai également été amené à travailler avec des laïcs comme professeur et animateur de retraites. Aussi, ce que je vais dire est-il le fruit de plusieurs années de discussions avec des laïcs en quête d'un sanctuaire.

Dans le large éventail des gens débordés, je commence par ceux pour qui trouver le silence est le plus difficile : les couples avec de jeunes enfants. Ils doivent être extrêmement déterminés pour trouver à la fois le temps et le lieu. Si leurs enfants sont en bas âge, ils ne peuvent le faire qu'en s'éloignant d'eux, puisque tout tourne autour de leurs besoins. Cependant, une fois que les enfants ont passé ce stade, je fais une proposition à contre-courant, à savoir apprendre à vos enfants à passer du temps en silence avec vous.

Le principe de laisser libre cours à l'expression de soi, défendu par le docteur Benjamin Spock dans son fameux *Comment soigner et éduquer son enfant*[1], peut aller trop loin

---

1 Benjamin Spock, *Comment soigner et éduquer son enfant*, Belfond, 1989.

dans le cadre de la vie de famille. À ce propos, le professeur John Pearce, pédopsychiatre britannique, a déclaré publiquement que l'éducation des enfants s'était égarée au fil des ans : « Je me méfierai de la libre expression de l'enfant, a-t-il dit. Les enfants ont besoin de développer le contrôle de soi au risque de devenir hyperactifs. Il est fort regrettable que des parents soient si effrayés de fixer des limites. »

Pour mon compte, j'ai été impressionné de voir des parents dans des pays de langue latine, bien moins influencés par Spock mais non moins pleins d'amour pour leurs enfants, les élever en intégrant la prière familiale en silence comme partie intégrante de la routine quotidienne. On voit également cela dans les pays bouddhistes, où les jeunes enfants passent du temps avec les moines à apprendre comment s'asseoir dans la position du lotus et à méditer. D'ailleurs, la seule école bouddhiste de Grande-Bretagne est une école primaire dans le Sussex où chaque journée commence par une méditation en silence pour tous les enfants, et ce, dès l'âge de cinq ans. Dans le cadre de la tradition chrétienne, les écoles des quakers ont également intégré le silence dans leurs offices. Notre culture nous dit qu'il faut nous assurer que nos enfants se dépensent suffisamment, que c'est bon pour leur santé physique, et nous nous évertuons à leur fournir des activités sportives dès leur plus jeune âge. Nous pourrions, avec courage et détermination, faire de même pour leur santé spirituelle en leur enseignant le calme et le silence.

Les adultes et le silence

Bien sûr, il faut pour cela que les parents apprécient le silence en premier lieu. Tournons-nous donc vers ce qui pourrait leur permettre d'en saisir tout le bénéfice. Deux moments dans la journée sont reconnus comme propices : tôt le matin et la nuit. Voici donc deux moments dans votre rythme quotidien autour desquels vous pouvez construire un temps de silence. Le fait d'établir un espace réservé chez vous est d'une grande aide. Il n'est aucunement nécessaire qu'il soit très élaboré. Il peut n'être qu'une simple bougie, une image ou un texte favori. Il peut s'élargir jusqu'à inclure le coin d'une pièce avec un coussin, ou avec l'espace nécessaire pour toute la famille. Le fait de devoir se rendre dans un espace spécifique est important, de même que la présence de beaux objets, naturels ou artistiques. Pour un célibataire ou un couple sans enfants, se rendre dans cet espace de manière quotidienne est facile et ne demande qu'une profonde obéissance à la décision prise à propos du rythme de vie.

Pour les adultes avec enfants, la pieuse coutume de les faire s'agenouiller au pied de leur lit pour la prière du soir rassemble tous les points mentionnés ci-dessus. L'enfant apprend à apprécier la prière, et l'espace sacré consiste dans le fait même de se mettre à genoux, au pied de son lit. Ce sanctuaire a en plus l'avantage d'être mobile, l'acte de prière pouvant s'exercer quel que soit l'endroit où l'on dort. À défaut de passer un temps avec vos enfants au pied de leur lit, le passer dans le sanctuaire familial tous ensemble peut être un bon équivalent.

Si cette approche organisée de la vie à la maison ne vous convient pas, il reste la possibilité de la pause du déjeuner au travail. Beaucoup d'églises dans les centres-villes restent ouvertes à l'heure du déjeuner, et un nombre de plus en plus important d'entreprises offrent à leurs employés une salle pour la méditation, ou même des cours de yoga.

On assiste par ailleurs au développement d'un mouvement appelé *Quiet Garden*. Fondé en 1992 par un prêtre anglican qui désirait que des jardins puissent être ouverts au public gratuitement, ces sites sont des lieux de silence que de nombreuses personnes aiment visiter pour leur beauté et leurs propriétés thérapeutiques. De nombreux jardins dans le monde se sont ralliés à ce mouvement, depuis le nôtre à l'abbaye de Worth, avec sa mare sur fond de bocage anglais, à celui de Jérusalem avec ses quelques fleurs dans un bout de terrain d'une ville densément peuplée. Ce mouvement souligne la qualité naturelle du silence et le besoin grandissant des hommes dans le monde entier de l'intégrer à nouveau dans leur environnement.

Mais peut-être le plus sûr moyen de construire le silence dans sa vie est-il d'aller faire une retraite d'un jour, ou plus, afin d'expérimenter tout ce que le silence peut offrir en profondeur. Ce qu'on y trouve motive suffisamment pour imprimer un changement de style de vie une fois revenu à la maison. Car l'homme d'aujourd'hui a besoin d'être fortement motivé pour rompre avec l'emprise du toujours plus. L'expérience d'une retraite peut donner l'élan nécessaire et suffisant pour commencer le processus permettant de se dégager du nœud coulant qui nous étrangle.

S'embarquer dans cette tâche est difficile dans une culture qui, soit vous offre une version consumériste du silence («Venez à notre hôtel pour sa paix et sa tranquillité»), soit considère vos efforts comme de la pure folie («Il n'est pas naturel pour des enfants d'être silencieux»). Quel que soit pourtant le moment (le matin, à midi ou le soir), on ne peut en tout cas faire l'économie d'un temps de silence dans sa vie pour trouver le sanctuaire.

Le silence : nécessaire ou égoïste ?

Peut-être êtes-vous en train de penser que ce chapitre invite à la complaisance avec soi-même. Puisque toute cette solitude et ce silence ne sont utiles à personne d'autre qu'à soi, ce ne serait que du pur égoïsme. Cette remarque peut s'entendre et nécessite une réponse. Les premiers éléments de réponse sont à trouver, comme nous commençons à en avoir l'habitude, dans une histoire des pères du désert. Comme vous pouvez vous en rendre compte, il est peu d'aspects de notre vie qui n'ont pas été passés au crible il y a quinze siècles par eux !

Voici l'histoire en question : trois hommes pleins d'ardeur et unis par l'amitié décidèrent de devenir moines. Le premier choisit de vivre cette parole : «Bienheureux les artisans de paix» et de travailler à la réconciliation des ennemis, le deuxième choisit de visiter les malades, et le dernier de rester en solitude. Le premier, plongé dans de nombreux contentieux, s'aperçut qu'il ne pouvait apaiser tout le monde, si bien qu'il devint submergé de fatigue. Il alla voir son ami qui s'occupait des malades et constata que lui aussi était complètement vidé, déprimé et incapable de continuer. Ils décidèrent alors tous deux de rendre visite à leur ami qui vivait dans le désert et lui soumirent tous leurs soucis. Quand ils lui demandèrent comment il allait, ce dernier resta silencieux pendant un instant puis remplit un bol d'eau. « Regardez cette eau », dit-il. Et ils virent que l'eau était trouble. Il resta en silence pendant un temps, puis dit : « Regardez à nouveau, et voyez comme l'eau est devenue claire. » Comme ils regardaient, les deux moines virent leurs visages comme dans un miroir. Et le moine dit à ses amis : « En raison des turbulences de la vie, celui qui vit au beau milieu des activités ne voit pas ses péchés. Mais lorsqu'il est au calme et apaisé, et spécialement grâce à la solitude, alors il voit l'état réel des choses. »

Cela ne veut pas dire que le désir – et l'ambition – de ces hommes de servir les autres et de travailler était mauvais. Mais il s'agit là d'équilibre. Dans la tradition monastique, le silence de la solitude est vu comme indispensable et non comme un extra. Il fait partie intégrante de la vie. Se connaître et grandir demande des éclairages que seule la solitude peut fournir. Même l'ami le plus intime ne peut se substituer au travail que nous devons faire par nous-même, le travail de la réflexion en silence et celui de la prière.

Combien de temps ?

À ceux qui se demanderaient combien de temps ils doivent passer en silence pour que ce dernier puisse être « compté » comme vrai temps de silence, je dirais que je me sens alors comme saint Benoît à qui l'on demandait de déterminer la quantité de nourriture et de boisson que les moines devaient manger et boire : « Nous hésitons un peu à fixer la quantité de nourriture et de boisson pour les autres » (Règle de saint Benoît 40, 2). De même que Benoît était réticent mais bien obligé d'offrir quelques indications de quantité en ce qui concerne la nourriture et la boisson, je livre ici quelques réflexions au sujet du temps à passer en silence.

C'est la coutume chez de nombreux groupes religieux de préconiser une période de méditation d'une demi-heure le matin, et le même temps le soir, si possible. S'il est bon, à mon avis, d'en arriver là, il n'est pas bon en revanche, pour beaucoup, de commencer par ça. Je suggère plutôt de commencer avec cinq minutes matin et soir. Le soir est important, quelle que soit sa brièveté, afin de bien rythmer la journée, de l'encadrer par du silence. Vous pouvez penser que cinq minutes ne représentent rien du tout. Mais pour passer cinq minutes en réel silence intérieur, il vous faudra compter peut-être cinq minutes de plus, le temps de rejoindre votre lieu, de vous sentir à l'aise et de clarifier votre pensée. En d'autres termes, cinq minutes de réel silence nécessitent dix minutes en tout. Une fois que ces cinq minutes de silence perdent en difficulté, vous pouvez les allonger.

Pendant ces cinq minutes, vous aurez besoin de rester concentré. La question est donc de savoir quoi faire durant ce temps de silence. Cela nous ramène à la question posée au début du chapitre : que fais-je des bruits qui encombrent ma tête ? Comment puis-je être silencieux aussi bien intérieurement qu'extérieurement ?

Pour Benoît, les distractions traversant mon esprit sont en fait les bruits qui habitent mon cœur : ils sont le résultat de la condition humaine – ne pas avoir un cœur pur. La pureté du cœur est le but vers lequel il dirige ses moines et Benoît est complètement réaliste quant aux difficultés pour l'atteindre. Pour travailler à la pureté du cœur, le silence est nécessaire ; mais il sait qu'il n'est pas suffisant.

Nos premiers pas nous ont amenés à poser une moquette de silence dans le sanctuaire, mais il apparaît plutôt comme un premier revêtement que comme la moquette elle-même, puisque les bruits dans la tête demeurent. Nous avons donc besoin de quelque chose d'autre à disposer sur le sol du sanctuaire, quelque chose qui puisse amortir les bruits intempestifs plus que ne le fait le revêtement du silence. Cette couche supplémentaire est la méditation. Aussi l'étape suivante va-t-elle consister à explorer l'enseignement de Benoît sur la prière, et, en faisant ainsi, à poser le tapis ou la moquette de la contemplation.

Pour aller plus loin dans le silence

– Sur Internet : www.sacredspace.ie. Ce site fort populaire offre une nouvelle méditation chaque jour, avec toujours un guide de la prière comprenant des conseils pour rester silencieux de corps et d'esprit.

– Livre : *Silence and Honey Cakes: the Wisdom of the Desert* (« Silence et miel : la sagesse du Désert »), par Mgr Rowan Williams, est une courte introduction à la prière monastique, s'appuyant fortement sur la tradition des pères du désert.

3
Deuxième étape : la contemplation

> « *Nous devons savoir que Dieu regarde notre pureté de cœur et nos larmes de componction, non la multitude de nos paroles. La prière doit donc être courte et pure.* »
> RÈGLE DE SAINT BENOÎT 20, *3-4*, DE L'ATTITUDE DANS LA PRIÈRE

La prière

Je n'ai jamais trouvé la prière facile, mais il m'a été facile d'en accepter le fait. Du coup, je m'inquiète moins de technique alors que je suis en prière, et plus de mon attachement fondamental à Dieu. Dans un acte de foi tout simple, je me remets, ainsi que toute la communauté, entre les mains de Dieu, sans en rechercher les effets et sans trop m'inquiéter des distractions qui peuvent advenir. Le résultat en est que je trouve plus aisé de passer plus de temps en prière.

Durant le XXe siècle, les Occidentaux se sont tournés de plus en plus vers des pratiques issues des philosophies et religions asiatiques comme l'hindouisme et le bouddhisme. L'idée selon laquelle les religions orientales seraient plus spirituelles que le christianisme s'est répandue avec comme résultat que certaines terminologies religieuses asiatiques sont maintenant plus connues en Grande-Bretagne que la terminologie chrétienne. Par exemple, le mot « gourou » est maintenant communément utilisé dans la culture occidentale. Terme asiatique pour désigner un maître spirituel, le mot a évolué en Occident vers un sens péjoratif pour parler d'un leader jugé sectaire, fantaisiste, voire dangereux. De même le mot « mantra ». En Asie, il désigne une phrase répétée dans la méditation, mais en anglais, il est maintenant utilisé pour parler de manière péjorative d'un slogan : « Nous voulons de meilleurs services, et non juste un mantra sur l'amélioration de l'efficacité », dit un groupe d'étudiants. Il me semble que les Beatles et le fait qu'ils aient côtoyé le gourou Maharishi Mahesh Yogi ne sont pas étrangers à l'introduction de ces termes dans la culture populaire occidentale.

Mais dans ce chapitre je désire explorer les profondeurs de spiritualité que l'on peut trouver dans la tradition chrétienne, en regardant d'un œil neuf certains mots du vocabulaire religieux. Je le fais à partir de ce que le christianisme entend par ces deux simples mots de « prière » et de « méditation ».

La prière chrétienne est le simple fait de dire « tu » à Dieu. « Nous te rendons grâce, Seigneur… » est le début de nombreuses prières chrétiennes. Dans la prière du Notre Père, nous disons : « Que ton nom soit sanctifié, que ton règne vienne, que ta volonté soit faite. » L'usage du « tu » en lieu et place du « vous » montre la familiarité. En d'autres mots, dans la prière, on parle à Dieu comme à quelqu'un dont on est proche, comme à un parent ou à un ami. Prier consiste à s'adresser à Dieu comme à un ami – à lui parler plutôt qu'à penser à lui.

Au-delà de ces notions de base, le mot « prière » a deux sens : un général et un spécifique. Le sens général inclut toute activité par laquelle nous tournons notre cœur et notre esprit vers Dieu, par laquelle nous nous adressons au « tu » divin. Le cri vers Dieu du parent désespéré, ou l'acte de s'asseoir en silence dans une église, ou de faire le signe de croix, tout cela est prière. Bien qu'il y ait habituellement, mais pas toujours, une expression extérieure de la prière, la prière en ce sens est une intention intérieure, et cette intention est de communiquer avec Dieu, de s'adresser à lui personnellement. Même le simple fait d'écouter en silence est, par implication, une invitation au divin « tu » de parler. La prière en ce sens général comprend des activités très variées avec des actes aussi divers que les cris d'angoisse, le total silence, les rituels religieux.

Le sens spécifique est inclus dans ce sens général. On peut l'identifier par la présence de l'article indéfini « une » : nous parlons donc alors d'« une prière ». En ce sens, la prière correspond aux mots que l'on utilise pour s'adresser à Dieu. Une prière peut être formelle, comme le Notre Père dont nous avons déjà parlé, ou bien spontanée, mais il s'agit toujours d'un ensemble de mots, exprimés soit à voix haute soit en silence.

On peut donc dire que prier peut inclure silence, angoisse, rituel aussi bien que récitation d'« une prière ». Ceci nous amène à une importante conclusion : toute prière n'inclut pas nécessairement des prières dites.

Dans la tradition monastique chrétienne, les moines vivent les deux formes de prière : ils disent des prières et ils prient en silence. Les prières vocales sont des extraits chantés de la Bible, spécialement les Psaumes, alors que le temps de silence réservé à la méditation est prière dans le sens plus large du terme. La tradition monastique chrétienne promeut donc les deux formes, mais toutes deux ne sont pas des fins en soi : elles sont au service de la finalité de la vie monastique. Aussi devons-nous traiter de la finalité de notre vie afin de les comprendre plus pleinement.

Le grand propos de la vie monastique pour Benoît était aussi simple qu'exigeant : le but est de prier continuellement, dans le sens général de garder la mémoire de Dieu vivante dans notre cœur à tout moment de la journée et de la nuit. Ainsi nous prenons plaisir à penser à toute personne que nous aimons, et nos pensées l'accompagnent spontanément à tout moment. Une autre manière d'exprimer la même chose consiste à dire que le but de notre vie monastique est la pureté du cœur, cette pureté du cœur qui nous permet de voir Dieu en toute chose, et donc d'être conscient du «tu» en toutes circonstances. Comme le dit le prophète Jérémie : «Toi, Seigneur, tu es au milieu de nous et ton nom a été invoqué sur nous.» La vie monastique entend nous rappeler constamment que Dieu est au milieu de nous, et établit pour nous y aider tout un cercle vertueux de prise de conscience. Prier constamment, afin d'avoir un cœur pur, de voir Dieu en toute chose et partout, de prier constamment.

Si vous pouvez faire cela, alors vous avez trouvé le sanctuaire, et ce quel que soit l'endroit où vous vous trouvez, aussi bien physiquement que mentalement. Alors, l'esprit se tourne vers Dieu au milieu du bruit et le cœur se penche vers Lui au sein d'activités mentales complexes, tout comme un bien-aimé présent à nous en toutes circonstances. L'arrière-fond de silence, les prières de la communauté six fois par jour et toute l'organisation du monastère sont orientés en ce sens.

Tout en reconnaissant que la régularité d'une prière vocale en commun n'est pas à la disposition de tous, voyons ce que la tradition monastique peut offrir concernant la prière silencieuse. En particulier, qu'est-ce que cette tradition peut offrir comme aide pour les temps de silence afin qu'ils puissent vous faire avancer dans votre quête du sanctuaire ?

Méditation

Il n'y a aucune technique de méditation dans la Règle de saint Benoît. Ou plutôt, il n'y a rien que l'homme d'aujourd'hui puisse reconnaître comme tel. Cela peut surprendre, mais j'espère que vous en êtes soulagé plutôt que déçu. Bâtir une spiritualité sur une technique de méditation, ou utiliser une technique en ce sens pour n'importe quoi d'autre d'ailleurs, ne ferait que réduire ce qui doit être un mode de vie – la vie spirituelle – à un système. Bien sûr, tout système correspond parfaitement au modèle du consommateur/producteur : quelqu'un produit un système que l'on peut utiliser, quelquefois gratuitement, quelquefois en payant. Benoît, loin d'avoir un système à vendre, propose la méditation en dehors de toute technique. C'est en ce sens qu'elle est d'un grand soulagement. Personne, dans la tradition bénédictine, ne va vous vendre une technique. Ce que Benoît a à offrir, c'est un mode de vie pour lequel méditation et prière sont des éléments clés.

La tradition monastique propose deux voies pour nous aider dans les temps de silence : d'une part la répétition d'une phrase, d'autre part la lecture lente d'un texte sacré.

Regardons d'abord ce qui concerne la répétition litanique d'une phrase, qui, bien que non explicitement décrite par Benoît, était cependant répandue parmi les moines de son temps. Cet usage était fortement recommandé par les pères du désert. Il était leur sanctuaire intérieur portable et mobile. Lorsqu'ils se trouvaient assis en silence, il gardait leurs distractions à l'écart ; quand ils travaillaient, il leur permettait de transmuer le travail en prière. Une des phrases favorites de ces premiers moines était : « Dieu, viens à mon aide ; Seigneur, à notre secours. » Cette phrase, tirée d'un psaume, doit commencer tous les offices, selon la Règle de Benoît. Toute simple, elle peut être dite indéfiniment, intérieurement et individuellement par les moines jusqu'au moment où ils viennent la dire ensemble quand ils se rassemblent à l'église pour prier.

En solitude, cette phrase, ou une autre similaire, peut être dite en syntonie avec la respiration : « Dieu, viens à mon aide » pendant l'inspiration ; « Seigneur, à notre secours » pendant l'expiration. Le rythme permet de sortir de soi-même et d'écarter les bruits de sa tête. Si les distractions sont cependant trop insistantes, un moyen de les gérer consiste à faire une pause à un moment donné dans cette répétition, de prendre en considération ces distractions et de les coucher sur le papier pour qu'elles puissent être traitées ultérieurement, et de consciemment les laisser de côté. Vous verrez que la répétition d'une phrase, combinée aux conseils déjà donnés au sujet des temps de silence à réserver dans la journée, fera peu à peu entrer la phrase dans votre âme, au point qu'elle irriguera toute votre journée et transformera votre perception de la vie.

La tradition chrétienne comprend aussi la Prière de Jésus, si populaire dans les Églises orthodoxes du sud-est de l'Europe et de la Russie. Cette prière consiste en la constante répétition de la phrase «Seigneur Jésus-Christ, aie pitié de moi, pécheur», à dire invariablement tout au long du jour et de la nuit. Cette prière fut popularisée par les *Récits d'un pèlerin russe*, datant du XIXe siècle[2], qui décrivent les pérégrinations d'un paysan russe estropié qui se met à dire cette prière constamment, et non pas simplement avec son esprit, mais dans son cœur.

La technique de la respiration décrite plus haut ne vient pas de Benoît mais d'ailleurs. D'autres techniques peuvent aussi vous aider à préparer votre corps. Asseyez-vous (dans la position du lotus ou sur une chaise sans croiser les jambes), gardez votre nuque et votre dos droits, respirez profondément plusieurs fois. Tout ceci peut préparer votre corps pour ce qui devient alors non pas un art de la relaxation mais un art de la concentration. Imaginez que vous vous prépariez à entendre quelque chose d'important de quelqu'un d'importance. Automatiquement,

---

2. Disponible aux éditions du Seuil. .

vous décroiseriez vos jambes, vous vous redresseriez et vous vous concentreriez.

C'est la même chose ici. Dans la méditation, la préparation de votre esprit et de votre corps est faite non en vue d'un exercice mental et physique mais dans le but de parler à Dieu et de le laisser parler. Une fois que l'on converse avec le divin « tu », tout peut arriver, et habituellement advient, laissez alors cette conversation s'écouler librement.

Certaines traditions orientales sont très doctrinaires quant à l'usage de la répétition d'une phrase sacrée. Par exemple, des gourous hindous (dans le sens originel asiatique de « maître spirituel », de sage) insistent sur le fait de ne prier qu'avec un mantra (lui aussi dans le sens d'une formule de prière répétée). L'exemple le plus visible de cette tradition en Europe est celui des adeptes de Hare Khrisna, dont les chants litaniques et les robes safran nous sont devenus familiers dans nos villes. S'ils répètent sans cesse la phrase : « Hare Krishna, Hare Rama », c'est qu'ils en considèrent la constante répétition comme seule prière réelle et véritable. Selon de nombreux critères, on peut considérer le Mouvement pour la Conscience de Krishna comme un développement valable d'un des grands courants de la tradition hindoue, et il est en réalité bien plus dans la lignée des religions asiatiques que ce qui est offert par des cols-blancs affirmant offrir l'antique sagesse de l'Orient aux Occidentaux crédules. Mais cette insistance sur le mantra comme seule prière réelle est étrangère au courant monastique chrétien.

Car Benoît de son côté ne prétend pas affirmer comment on prie, mais garde constamment en tête l'objectif de la pureté du cœur. « Nous devons savoir que Dieu regarde notre pureté de cœur et nos larmes de componction, et non nos multitudes de mots. La prière doit donc être courte et pure » (Règle de saint Benoît 20, 3-5). En appliquant notre distinction entre « la prière » et « une prière », on voit que Benoît ne dit pas qu'une prière ou un mantra serait le tout de la prière. Il insiste plutôt sur la nécessité de la vie et de la prière communautaires pour que la prière puisse se développer sous toutes ses formes, dans toutes ces voies par lesquelles des individus divers s'adressent à Dieu en disant « tu ». Cette liberté d'esprit à l'intérieur d'un cadre prédéfini est quelque chose que n'importe qui peut appliquer dans sa vie : il faut un cadre pour la méditation, mais laisser la prière se répandre librement.

La lecture

Pour Benoît, habiter le silence et méditer de façon créative passe par la lecture. En fait, dans la Règle, partout où Benoît utilise le mot « méditer », il se réfère à la lecture ou à la mémorisation d'un texte pour un usage ultérieur dans la prière. Pour lui, la méditation s'enracine toujours dans l'écrit.

Alors que Benoît n'offre aucune règle concernant les techniques de prière, il régule la méditation liée à la lecture des textes sacrés. Sa contribution particulière dans la possibilité d'utiliser un temps de silence de manière créatrice réside précisément dans la lecture, et dans son monastère, les moines lisaient jusqu'à trois heures par jour. Ce mode monastique de lecture, dont il hérita et qu'il développa, est si différent du nôtre que nous devons revoir les principes mêmes de notre approche moderne si nous voulons la comprendre. Si nous voulons nous laisser enseigner par Benoît, nous devons revoir nos présupposés sur la lecture et sur ce qui peut être considéré comme une bonne lecture. Pour ce faire, je vous invite à prendre conscience tout d'abord de l'activité dans laquelle vous êtes actuellement engagé avec ce livre : lire.

Alors que vos yeux courent le long de cette page, les courbes et les points prennent un sens immédiat. Lire pour votre esprit est comme respirer pour votre corps : vous le faites naturellement, sans rien remarquer, jusqu'au jour où quelque chose va de travers. Donc, arrêtez-vous un moment pour regarder le fait que vous lisez. Étrange, non ? Maintenant, notez que vous pouvez faire des choix dans votre manière de lire : rapidement ou lentement, pour extraire des informations ou pour savourer l'émotion. Cependant, nous choisissons rarement consciemment notre manière de lire : tout naturellement, nous prenons le journal du jour avec vigueur, un poème avec plus de délicatesse.

Aujourd'hui, beaucoup connaissent et sont même familiers des techniques de méditation permettant de contrôler la respiration afin d'accroître le bien-être. Pour des raisons très diverses, qui peuvent aller de la méditation transcendantale à la réduction de la pression sanguine, gourous et médecins insistent sur l'aspect bénéfique du contrôle de la respiration. Même des expressions populaires traduisent cela, comme « respire un bon coup ».

La tradition monastique applique des processus semblables à la lecture. Le type de lecture monastique est appelé en latin *lectio divina*. Littéralement, cette expression signifie « lecture divine », mais il serait plus juste de la traduire par « lecture méditative ». Il s'agit, dans cette lecture, de prendre un texte sacré, habituellement, mais pas exclusivement, extrait de la Bible, et de le lire avec l'intime conviction que Dieu veut dire quelque chose de très personnel à travers ce texte. Dans la prière, on s'adresse à Dieu en lui disant « tu » ; dans la lecture, Dieu s'adresse au lecteur en lui disant « tu ». Le lien entre la prière et la *lectio* devient alors évident : à mesure que je laisse Dieu me parler, je me sens porté à lui parler en retour. La *lectio divina* conduit à la prière et est la voie monastique de la prière. Avant que nous ne considérions en détail les différents processus concernés dans la *lectio*, évoquons les obstacles mis sur le chemin de la lecture priante et liés en grande partie à la manière dont nous lisons de nos jours.

Jusqu'au XIIe siècle, toute l'Europe chrétienne voyait dans la lecture l'apprentissage de la sagesse, que le texte fût sacré ou non. Selon cette vision, Dieu veut soigner nos vies désordonnées et l'ultime remède donné par Dieu est l'apprentissage de la sagesse. Les arts et les sciences sont à apprendre justement pour cette raison. Il n'y a pas de séparation entre éducation sacrée et éducation profane, il n'y a qu'éducation à la sagesse. En ce sens, la lecture est une activité holistique où le sacré et le profane sont un. Lire un texte d'art ou de science, c'est être engagé dans le travail du salut, non dans l'acquisition d'une information.

Ceux qui fondèrent les universités au XIIIe siècle inaugurèrent un processus avec un autre objectif en vue : ils commencèrent à collecter des informations au sujet du monde et à l'analyser. Cette approche analytique visait à disséquer le monde, et les effets sur la lecture s'en ressentirent : la lecture n'avait plus pour objectif la réception de la sagesse mais la compréhension et le contrôle de la vie. Le profane et le sacré se séparèrent et seule la lecture religieuse fut considérée comme sacrée. La lecture acquit donc l'aspect fonctionnel qu'elle a encore de nos jours : lecture en vue de se distraire, par les magazines et les romans à sensation ; lecture en vue de s'informer, par les journaux et les encyclopédies ; lecture en vue de s'instruire, par les manuels. Enfin, il y a la lecture comme expérience artistique, comme celle de la poésie ou de la grande littérature, cette dernière étant la plus proche de ce que nous entendons par lecture en vue d'acquérir la sagesse.

Tout récemment, l'accent a été mis sur la vitesse : plus la lecture est rapide, mieux c'est. Le lecteur rapide serait supérieur au lecteur lent qui aurait besoin d'être aidé. Aussi, pour la plupart des gens, la lecture, qu'elle soit utilitaire ou divertissante, doit-elle être surtout rapide. Peu lisent en pensant que la lecture peut être un moyen d'acquérir la sagesse. Mais, de même que les monastères préservèrent les textes antiques des hordes barbares, ils préservent la tradition de la lecture méditative en nos temps modernes.

Lectio divina

Avant de se pencher sur la manière de faire *lectio*, regardons la question du choix d'un texte. La tradition monastique favorise la Bible pour cette *lectio*, et il existe différents supports pour aider à la lecture quotidienne d'un extrait de la Bible. Certains présentent les lectures de la messe du jour, d'autres offrent des textes spécialement sélectionnés pour une lecture quotidienne privée. Mais vous pouvez tout aussi bien démarrer avec un des quatre évangiles et le lire section par section. Je conseille alors de commencer par l'évangile de Marc, le compte rendu le plus vif et vivant de la vie du Christ, plein de miracles extraordinaires à son début. Ne vous posez pas de questions à leur sujet, laissez-les juste vous interpeller, vous interroger sur ce que Dieu veut vous dire et faire dans votre vie aujourd'hui.

D'autres textes sont aussi possibles : recueil de sermons, d'homélies, de poèmes, vies de saints – n'importe quel texte, en fait, du moment qu'il vous aide à lire lentement et à entendre Dieu vous parler. La tradition monastique recommande particulièrement les écrits des grands saints, de saint Augustin à mère Teresa. Les hommes de l'émission « The Monastery » trouvèrent plus aisé de démarrer avec ce genre de livres spirituels pour leur *lectio* d'une demi-heure plutôt qu'avec l'Écriture ; mais le livre religieux n'est pas obligatoirement une aide. Le texte étant choisi, le moment est venu de regarder les trois caractéristiques clés qui, prises ensemble, font de la *lectio divina* une approche différente de la lecture.

Tout d'abord, le texte est vu comme un cadeau à accueillir, et non comme un problème à disséquer. La première tâche qui attend l'homme moderne et à laquelle il est invité par la tradition consiste à arrêter de poser des questions au texte pour, à l'inverse, laisser le texte le questionner. L'humilité est la clé d'accès à la sagesse. Le moine australien Michael Casey résume cela admirablement : « La *lectio divina* n'est qu'un moyen de découvrir quelque chose à propos de Dieu, elle nous aide également à nous comprendre nous-même. Il ne s'agit pas d'absorber de manière aliénante un message étranger, ou même hostile à nos aspirations les plus profondes, mais au contraire d'avoir la surprise de voir le niveau le plus authentique de notre être se refléter dans les Écritures. » Il s'agit donc de laisser le texte venir à nous.

Ensuite, la tradition de la *lectio* nous enseigne que pour recevoir ce qu'un texte a à nous offrir, il nous faut absolument le lire lentement. Cela rappelle le mouvement récent *slow food*, né en Italie, où des villages garantissent aux visiteurs l'absence de *fast-food* et le fait qu'ils peuvent déguster leurs repas en paix. Le seul antidote à la lecture rapide est l'apprentissage de la lecture lente. Comme Michael Casey le dit : « La répétition est l'âme d'une lectio authentique. Il s'agit d'une activité de l'hémisphère droit du cerveau. Nous ne saisissons pas tout le contenu de ce qui est lu immédiatement mais de manière circulaire, en y revenant. Nous lisons et nous avançons, puis nous reprenons et avançons à nouveau. À chaque répétition, quelque chose de nouveau apparaît qui peut venir nous surprendre. »

Enfin, la *lectio* est un chemin de prière. Avant de lire, priez pour que Dieu vienne vous parler à travers le texte. Pendant que vous lisez, laissez la lecture devenir méditation, puis prière, puis contemplation. Quand la lecture est terminée, gardez une phrase en tête et répétez-la tout au long de la journée pour que votre lecture priante devienne vie priante. La *lectio* va alors devenir non pas tant une technique qu'un mode de vie : le texte recadre la vie quotidienne et la vie quotidienne entre et se répand dans le texte.

Le chemin de vie que la *lectio* stimule ne peut être systématisé, mais le temps de la lecture priante peut être vu comme engageant certains mouvements de l'esprit et du cœur. Au XIIe siècle, au moment où la lecture en vue de la sagesse commença à décliner, un moine sentit le besoin de classifier les mouvements engagés dans la *lectio divina*. Il s'agit du chartreux Guigues, prieur de la Grande Chartreuse, qui écrivit alors le premier traité sur la *lectio*. Il y décrit les quatre mouvements du processus en cours et qui sont la lecture, la méditation, la prière et la contemplation. Par méditation, il entend une profonde entrée dans l'intelligence du texte. Par prière, il entend la réponse du lecteur à Dieu à la lumière de cette intelligence. Et par contemplation, il entend le simple repos en la présence de Dieu, sans le besoin de mots à ajouter. Il utilise des images liées au besoin vital de se nourrir pour illustrer les différentes étapes de la « digestion » d'un texte : « J'aimerais dire que la lecture porte la nourriture substantielle à la bouche, que la méditation la triture et la mâche, que la prière la goûte, et que la contemplation est la douceur même qui réjouit et refait. » Cette similitude avec l'acte de se sustenter est vraiment éclairante : je permets à la Parole de Dieu d'entrer dans tous les recoins de ma vie et je me réjouis de sa présence. De même que consommer le pain et le vin dans l'Eucharistie est communion au Christ, lire devient communion et transforme la vie. Lire dépasse l'information et devient transformation.

Vous pensez peut-être qu'une telle approche de l'Écriture ne peut être réservée qu'aux moines, aussi je vous offre cette pensée de saint Jean Chrysostome, le grand archevêque de Constantinople au IVe siècle : « "Je ne suis pas, direz-vous, un moine. J'ai femme et enfants, et la charge de toute la maisonnée." Voilà ce qui a été la ruine de tout, cette pensée que la lecture de l'Écriture n'est réservée qu'aux moines, alors que vous en avez bien plus besoin qu'eux. Ceux qui sont au milieu du monde, et qui reçoivent des coups tous les jours, sont ceux qui ont le plus besoin de soins. »

Action et contemplation

La méditation à partir d'un texte sacré, ainsi que celle provenant de la répétition d'une phrase nous offrent toutes deux une nouvelle base, le matelas que nous étendons afin de trouver le repos pour notre âme blessée par les agitations du monde. Nous savons aujourd'hui que la clé d'une bonne santé réside dans des choix de vie élémentaires : faire des exercices physiques, ne pas fumer, etc. Ceci est également vrai en ce qui concerne notre bien-être spirituel. La base est fondamentale, et la méditation, tout comme la *lectio divina* peuvent fournir une telle base. Vous allez voir votre vie passer d'une base – la course sans fin d'une chose à l'autre – à une autre qui va vous faire ralentir et vous permettre de voir ce qui est réellement en train de se passer dans votre vie et dans le monde qui vous entoure. Vous serez toujours aussi occupé à travailler dur, à remplir des obligations et à faire des courses. Mais vous allez graduellement apprendre à vous concentrer sur l'essentiel au sein même de toutes ces activités.

Il peut y avoir des moments d'exultation dans les temps de silence et de prière, mais ils ne sont pas les critères d'une authentique spiritualité. Dès lors que vous pensez que votre prière est bonne, que vous priez bien, vous êtes en difficulté – nous allons y revenir dans le chapitre sur l'humilité (« Quatrième étape »). L'authenticité de vos temps de méditation sera mise à l'épreuve dans votre vie quotidienne, par votre patience, votre attention à l'égard des autres, votre empressement à vivre avec intégrité. Finalement, en persévérant dans la prière, ce que vous entendez dans le silence sera également perceptible dans le bruit. Vous trouverez alors le sanctuaire non seulement dans les temps de silence mais aussi au beau milieu de la vie quotidienne. La vie spirituelle est une réponse à la voix de Dieu réalisée dans la vie de tous les jours.

Ce chapitre porte sur la « contemplation ». Or nous nous sommes concentrés sur la méditation. Mais les mots « méditation » et « contemplation » sont quelquefois utilisés pour désigner la même chose, à savoir l'usage conscient de certaines techniques pour élever le cœur et l'esprit vers Dieu.

Bien que ceci soit valable en ce qui concerne la méditation, la contemplation a un sens différent. Elle peut être décrite comme le fruit de la méditation, ainsi que nous le voyons dans la description que donne Guigues des mouvements de l'âme dans la *lectio divina*. Un des plus grands maîtres de la prière est une moniale espagnole du XVIe siècle, Thérèse d'Avila. Elle utilise une image attrayante pour parler des différentes étapes de la prière. Elle décrit l'âme comme un jardin, où la présence de Dieu serait l'eau dont le jardin a besoin pour fleurir. L'eau arrive dans le jardin de quatre manières différentes : tirée d'un puits, par une roue à eau, d'une source, par une pluie abondante. Chaque méthode est moins laborieuse et plus fertile que la précédente. La pluie, c'est « lorsque le Seigneur arrose lui-même, sans aucun travail de notre part ; et c'est une méthode incomparablement meilleure que toutes les autres ». Elle continue en expliquant que chaque méthode d'arrosage correspond à une forme de prière. Les trois premières sont toutes des formes de méditation, qui requièrent quelque effort de notre part, mais la dernière est la contemplation, où Dieu seul est à l'œuvre et où nous sommes simples récipiendaires de sa présence. Le but de la méditation consiste à se rendre prêt à accueillir ce que Dieu a à nous offrir, et à certains, il vient offrir la contemplation. La méditation relève de notre travail, la contemplation de Dieu. Il est intéressant de noter que la présence du don de la contemplation ne fait pas de quelqu'un un saint, dit Thérèse, et d'insister sur le fait que la clé de la sainteté se trouve dans la réponse de la contemplative dans sa vie quotidienne, d'où sa fameuse phrase :

« Le Seigneur se trouve au milieu des marmites[3] » pour souligner la place glaiseuse où réside la sanctification. Ce qu'elle propose est la méditation conduisant à la contemplation, laquelle conduit à un esprit généreux dans la vie quotidienne ; là est la vraie vie contemplative pour Thérèse.

Cette vision de la vie spirituelle et de la manière de trouver le sanctuaire est loin d'être acceptée par tous. Comme nous le verrons dans le chapitre sur la spiritualité (« Sixième étape »), les mouvements de spiritualité prônent plutôt la relaxation et promettent la tranquillité, thèmes complètement absents de la tradition monastique chrétienne qui, elle, prône à l'inverse le travail exigeant de la prière continuelle et promet le Verbe de Dieu.

Voici donc le tapis de prière que nous avons déroulé dans le sanctuaire. Il ne s'agit pas d'un tapis luxueux cependant, et il peut être rugueux parfois. La tentation de se lever alors pour aller vers quelque chose de confortable est très forte. Nous avons donc besoin de quelque chose pour maintenir le cap. Comment un être humain aussi peu fiable que moi peut-il rester fidèle ? La réponse de Benoît se trouve dans l'obéissance. Notre prochaine étape dans la quête du sanctuaire consiste donc à considérer comme nécessaire notre besoin d'obéissance dans la quête du vrai sanctuaire. Il va également nous falloir affronter de plein fouet l'insistance contemporaine sur la liberté individuelle, qui, au premier abord, semble incompatible avec la notion même d'obéissance.

3 *Livre des Fondations*, F, 5, 8.

Pour aller plus loin dans la contemplation

– Page 165 : un exemple de *lectio divina*, à partir de la parabole du fils prodigue.

– Sur Internet : www.centeringprayer.com. Ce site est à l'initiative de Thomas Keating, un moine trappiste américain qui a aidé de nombreuses personnes dans la découverte de la prière contemplative.

– Livre : *Reading with God : Lectio Divina* («Lire avec Dieu : la *lectio divina*») est une bonne introduction à la *lectio divina*, écrite par David Foster, un moine bénédictin anglais.

4
Troisième étape : l'obéissance

> « *Les moines s'obéiront mutuellement de tout leur cœur. Personne ne cherchera son propre intérêt, mais plutôt celui des autres.* »
> Règle de saint Benoît 72, *Du zèle vertueux des moines*

Les pères et mères du désert étaient du même avis que Benoît quant à la place centrale qu'occupe l'obéissance dans la vie spirituelle.

On raconte l'histoire de quatre moines qui vinrent trouver le grand *Abba* Pambo. Chacun fit part de la vertu de son voisin, en l'absence de la personne concernée. Le premier jeûnait beaucoup, le deuxième s'évertuait à une grande pauvreté, le troisième vivait une grande charité, et du quatrième, il fut dit qu'il vivait depuis vingt-deux ans dans l'obéissance d'un vieux moine. *Abba* Pambo leur dit alors : « Je vous le dis, la vertu de ce dernier est la plus grande. Chacun des autres a obtenu la vertu qu'il désirait obtenir, mais ce moine-là a dit non à sa volonté propre et égoïste, et fait la volonté d'un autre. » Le moine qui vivait dans l'obéissance du vieux moine s'était donc dévoué, plein d'amour, au service d'un autre, ce qui illustre la profonde connexion existant entre l'amour et l'obéissance dans la tradition monastique et, de fait, dans la vie. Aujourd'hui, nombre de soignants se dévouent au service d'une personne âgée ou d'un parent infirme à la maison. C'est ce que la tradition monastique entend par obéissance. Cependant, pour nos oreilles contemporaines, cela sonne étrangement, l'amour rimant pour l'homme moderne avec liberté et non pas avec obéissance.

C'est mon choix, non ?
La liberté de choisir est placée au cœur des valeurs de la vie moderne. On peut l'exprimer ainsi : « Je ne veux pas qu'on me dise ce que j'ai à faire. Je veux qu'on me laisse la liberté d'être moi-même. Je montre ma liberté en exerçant mon droit à choisir mes habits, mon boulot et mon activité sexuelle. » Cependant, pour beaucoup, leurs supposés libres choix obéissent à un programme non avoué. Prenons la question des vêtements, par exemple. Nombreux sont ceux qui sont convaincus qu'ils les choisissent librement, parmi un choix infini de possibilités, du jean troué au costume trois-pièces. Et pourtant, leurs choix sont souvent des réponses à l'idée que les autres se font de ce qu'ils doivent porter. Les maisons de haute couture décident de ce qui sera à la mode pour la saison, les marques de prêt-à-porter produisent en masse les articles « tendance », pendant que les magazines et les publicités nous incitent à les acheter. Peu s'habillent aussi librement qu'ils le prétendent, peu sont vraiment libres dans leurs choix. D'ailleurs, le phénomène de la mode a conduit au néologisme *fashionista* pour décrire ceux qui dictent la mode et ceux qui en sont fous. Les exemples les plus flagrants de cette dictature de la mode se trouvent parmi

les jeunes : même les plus jeunes doivent porter ce que les autres portent, et ils n'expriment pas tant leur identité individuelle que leur identité de groupe. Dans les écoles sans uniformes, de puissantes règles non écrites gouvernent les élèves, au point que ceux-ci ont peur de les enfreindre. Ce que la plupart laissent entendre diffère profondément de ce qui est vécu en réalité.

Quand quelqu'un parle le langage de la liberté alors même qu'il est sous l'influence ou le contrôle de règles non avouées, il se place lui-même en situation dangereuse. Il est certes bon d'obéir à de bonnes lois, et il est bon d'exercer son libre arbitre. Mais le danger réside dans le fait d'affirmer faire une chose tout en faisant son contraire. De quelqu'un qui affirme suivre les lois alors même qu'il les transgresse, nous disons qu'il est hypocrite, et cette accusation est fréquemment faite à l'encontre des croyants pratiquants. Mais de quelqu'un qui affirme agir librement alors qu'il obéit en fait à des lois non formulées, nous n'avons pas de mot pour le définir… Si nous n'en avons aucun, c'est que ce type de comportement est trop récent et trop difficile à accepter et à reconnaître. Cette particularité de la vie moderne, que l'on ne peut ni ne veut nommer, est dangereuse parce que lorsqu'on ne voit pas la manipulation dont on fait l'objet, on ne ressent aucun besoin de s'en libérer. L'apparente liberté consumériste rend les gens aveugles sur leurs dépendances les plus profondes.

Le contraste avec la tradition monastique est flagrant. Alors que l'accent est mis dans la société moderne sur la liberté de choisir, en vue de mener une vie épanouie, l'accent dans la tradition monastique est mis sur l'obéissance. Je dis « contraste », car si nos contemporains étaient interrogés, ils diraient pour la plupart que l'obéissance est l'exact opposé de la liberté. Et pourtant, sans nier leur différence, liberté et obéissance ne sont pas si opposées qu'on pourrait le croire au premier abord.

J'ai été un jour le témoin de ce conflit apparent entre la liberté et l'obéissance de manière inhabituelle. Dans les années 1980, un journaliste du *Daily Express* séjournait à l'abbaye. Il devait écrire un reportage sur la vie monastique. Ce journaliste était allé interviewer le père Oliver, un moine de plus de soixante-dix ans, entré au noviciat à l'âge de dix-huit ans. Le journaliste lui demanda : « Ne pensez-vous pas que vous êtes passé à côté de la vie, ou du moins à côté de beaucoup de choses, en devenant moine si jeune et en ayant obéi à toutes ces règles monastiques durant plus de cinquante ans ? » Le père Oliver répondit, moitié souriant, moitié grommelant : « Écoutez. Tout au long de chacune de ces cinquante années, j'ai chaque jour librement choisi de me lever. J'ai librement choisi d'être moine. J'ai librement choisi cette vie. » On sent là le fossé entre la culture monastique et la culture profane. L'article ne fut jamais publié, mais il y eut une suite non prévisible à cette histoire. Un an plus tard, le journaliste était à l'hôpital, gravement malade et proche de la mort. Mais il se remit et nous écrivit une lettre très émouvante nous racontant sa maladie et les pensées qui l'habitèrent alors. « Alors que je me trouvais alité et proche de la mort, écrivait-il, je ne pouvais penser qu'à vous, moines, priant à l'église chaque jour, matin et soir. Cela me rendait du courage et, quelque part, vos prières m'ont sauvé. » Dans cette histoire, ne voit-on pas de quel côté réside la liberté ?

Écouter

Examinons donc de plus près la relation entre la liberté et l'obéissance. La tradition monastique porte en elle la conviction que l'obéissance est potentiellement la plus grande expression de la liberté humaine. Je dis « potentiellement » parce qu'obéir librement suppose la rencontre de deux critères. Comme je l'ai déjà dit, obéir à quelque chose sans le savoir ne relève pas d'un libre choix. Le premier critère pour une bonne obéissance consiste donc à savoir à quoi l'on choisit d'obéir. En second lieu, on doit choisir ce qui ouvre sur des futurs possibles, non ce qui enferme et asservit.

Pour prendre un exemple : quelqu'un qui se met à fumer à l'adolescence afin d'être membre d'un groupe n'obéit pas librement. Tout d'abord parce qu'il pense choisir librement de fumer alors même qu'il ne fait qu'obéir au groupe et qu'il ne veut pas le reconnaître. Et ensuite parce qu'il compromet sa santé future et en ce sens limite sa liberté.

Comment donc trouver des moyens permettant de choisir librement ce qui va accroître sa liberté future ? La réponse de Benoît est aussi simple qu'elle est exigeante : écouter. « Écoute » est le mot ouvrant la Règle qu'il a écrite qui sous-entend tout ce qu'il dit. Pour Benoît, le sanctuaire monastique est un lieu d'écoute, un lieu où l'on s'écoute les uns les autres et où l'on écoute Dieu. Aussi voudrais-je aller plus loin à propos des connexions entre l'écoute, l'obéissance et la liberté.

Tout comme pour le mot « sanctuaire », le mot « obéissance » contient bien plus que son sens commun. « Obéissance » provient du mot latin *oboedire*, qui veut dire non seulement « obéir » mais aussi « écouter ». Le préfixe *ob* signifie « en direction de, vers ». Ajouté à *audire*, qui signifie « entendre », cela donne *oboedire*. Le mot « obéissance » porte donc en lui l'image de l'oreille qui se penche vers quelqu'un, attentive, désireuse d'entendre ce que l'autre dit. « Écouter quelqu'un d'autre » est donc à la fois le sens original de l'obéissance et une bonne définition à partir de laquelle travailler.

La voie monastique invite à écouter différentes voix, puis à choisir laquelle suivre. Les deux critères de l'obéissance sont à l'œuvre, d'une part dans le libre exercice du discernement et d'autre part dans la libre décision de suivre ce qui a été discerné.

L'obéissance aveugle n'exerce pas de discernement, elle n'entend que la voix la plus forte. Un exemple d'obéissance aveugle serait la remise de ma vie entre les mains d'un autre jusqu'à lui rendre un culte, l'idolâtrer, au point que je me dédouane de tout esprit critique. L'expression « obéissance aveugle » montre bien *a contrario* que l'obéissance ordinaire n'est pas aveugle, qu'elle est éclairée, qu'elle comprend le discernement. Cette obéissance qui discerne, qui fait appel à l'esprit critique et l'exerce, serait ce que j'appellerais « la liberté obéissante ».

La liberté obéissante

La liberté obéissante est ce que la voie monastique nous invite à expérimenter. Benoît dit clairement que l'obéissance n'est pas dans le fait de faire ce qu'un supérieur demande, mais dans l'amour mutuel. « Obéir est un bien. C'est pourquoi tous les frères doivent obéir à l'abbé. Mais cela ne suffit pas. Ils s'obéiront aussi les uns aux autres. Qu'ils le sachent : c'est par ce chemin de l'obéissance qu'ils iront à Dieu » (Règle de saint Benoît 71 1-2). Ceci veut dire que nous avons à écouter les autres et non à nous écouter nous-même. « Personne ne cherchera son intérêt à lui, mais plutôt celui des autres. Ils ont à l'égard de leurs frères moines un pur amour fraternel, à l'égard de Dieu un amour empli de respect » (Règle de saint Benoît 72, 7-9), ceci étant extrait du chapitre dans lequel il décrit « le bon zèle que les moines doivent avoir les uns pour les autres ». Il s'agit là du plus haut degré de l'obéissance et en son centre se trouve le libre exercice du jugement : « … ce qu'il juge… » est un des leitmotive de la Règle. Ce libre exercice du jugement a pour fonction d'orienter notre boussole vers l'amour. « Ils s'obéiront mutuellement de tout leur cœur » (Règle de saint Benoît 72, 6). Obéir de cette manière si interpersonnelle demande une grande liberté intérieure : une capacité de juger ce que l'on désire et ce que l'autre désire, puis de choisir librement de mettre de côté ses propres désirs par amour et par souci du bien de l'autre.

Dans le fond, ce que Benoît décrit est l'exercice de la conscience. La conscience n'est pas le sentiment : la prise de conscience est le processus intérieur qui permet d'écouter des voix discrètes couvertes par nos sentiments, nos multiples désirs, nos passions. Elle permet de choisir librement quels désirs suivre et lesquels écarter. Par exemple, vous pouvez vous sentir libre de prendre une autre bière, mais un examen plus critique vous conduira au choix consciemment pris d'en rester là. Ce peut être pour ne pas risquer d'enfreindre le code de la route, ou parce que vous ne voulez pas être jeté hors du bar, ou parce que vous devez absolument avoir les idées claires le lendemain matin. Chacune de ces raisons donne lieu à une obéissance choisie et assumée, à un choix conscient. Pour prendre un exemple plus profond : une personne mariée peut très bien tomber subitement amoureuse d'une autre personne après plusieurs années de vie conjugale. Ses sentiments lui disent de tout quitter pour vivre cet amour. Mais la voix de la conscience peut l'inviter au contraire à continuer dans la fidélité. La conscience élargit le champ de vision, prend en compte les sentiments de l'autre, les promesses faites, les lois du pays. On peut obéir à ses sentiments, on peut obéir à sa conscience, mais ils ne coïncident pas forcément. Les sentiments sont une des données prises en compte par la conscience et on peut les ignorer à son propre péril, mais ils ne sont pas les seuls à prendre en compte. Suivre les sentiments aveuglément est tout aussi dangereux que n'importe quelle autre forme d'obéissance aveugle. Colère aveugle, panique aveugle, passion aveugle : l'intensité de tels sentiments favorise la conduite d'actes qui seront regrettés plus tard. Un sentiment intense est donc loin d'être assimilé à la conscience. La voie monastique encourage le libre exercice de choix conduisant à la liberté obéissante.

La croyance selon laquelle on est libre et maître de sa vie si l'on suit ses sentiments est largement répandue ; la voie monastique conteste cette croyance. Elle prône la libre et consciente obéissance. Mais l'obéissance à quoi ? Regardons quelques-uns des points tournant autour de cette question, en commençant par ce qui concerne la maîtrise, le contrôle de sa vie.

Qui est aux commandes ?

Les gens ont aujourd'hui, et on le comprend, le souci de garder la maîtrise de leur vie. L'élévation du niveau de vie dans la société occidentale a eu comme conséquence que, possédant plus, l'on est devenu moins dépendant de la bonne volonté des autres pour son propre bien-être. Ce sentiment, selon lequel on serait aux commandes de sa vie, n'est pas si uniformément partagé entre les individus et ne couvre même pas tous les domaines pour un même individu. La société urbaine est un réseau complexe d'individus se frottant sans cesse les uns aux autres ; et l'un des moyens que l'on utilise pour se protéger de ce contact forcé et pour survivre au quotidien consiste à porter différents masques en fonction des situations rencontrées : un pour le métro, un pour le travail, un pour les amis, un pour l'équipe de foot… Un minimum d'intimité est ainsi gardé et l'on a l'impression de conserver la maîtrise de sa vie en choisissant quel masque porter et quand le porter.

L'existence de ces masques est illustrée selon moi par une anecdote dont je fus le témoin dans le métro londonien. Ce jour-là, une fille âgée d'environ onze ans monta avec ses parents dans le wagon où je me trouvais. De par les traits de son visage, on pouvait facilement déduire qu'elle était trisomique. Malgré le monde présent dans le wagon, il restait suffisamment de place dans l'allée pour aller et venir librement. Elle se mit donc à se promener, à tirer l'une après l'autre la manche des usagers en demandant tout haut, sans masque ni fard : « Êtes-vous heureux ? Je suis heureuse. Es-tu heureux ? » Personne n'était prêt à avouer l'état de son bonheur, et certains même l'ignorèrent, se cachant avec application derrière leur journal ou leur livre. Je me mis à rire, elle se mit à rire, ses parents se mirent à rire, mais bien peu semblaient considérer que baisser en ces circonstances le masque anonyme du banlieusard pouvait être amusant et libérateur. Ils demeurèrent « banlieusards », craignant de devenir humains aux côtés de cette fille nature. Ils étaient tout entiers à garder leur masque et leur contrôle. À coup sûr, ils n'étaient pas heureux !

Mais les masques sont plus qu'un moyen de garder l'anonymat dans le métro, ils peuvent devenir une manière de vivre. Un jeune homme sincère de vingt-cinq ans m'a raconté récemment son expérience professionnelle. Il décrivait sa situation comme suit. Le mâle dominant doit absolument apparaître comme invulnérable et ayant tout sous contrôle, aussi fait-il tout pour ne pas montrer aux autres sa vulnérabilité. Il craint qu'on ne puisse lire dans son âme et dans sa psyché. Il craint qu'on ne méprise ses angoisses profondes, son manque de confiance en soi, ses insuffisances. Il craint qu'un jour sa faiblesse n'apparaisse au grand jour et que ce ne soit alors sa mise à mort au plan social. D'un autre côté, ce jeune mâle dominant qui s'interdit de mettre son âme à nu n'a aucun complexe à livrer son corps à tout va. Le type de contrôle qu'il veut pour sa vie est une combinaison d'invulnérabilité psychique et de disponibilité sexuelle.

Être vrai avec moi-même
Aux conversations que j'ai pu avoir avec les visiteurs à l'abbaye, je sens bien que tous ont de plus en plus conscience qu'il y a dans la vie plus que le masque que nous portons, plus que le rôle que l'on nous fait jouer, plus que la vie sexuelle préconisée par la vie moderne. Ils confient leurs recherches de nouvelles et plus profondes possibilités d'être et de s'exprimer. « Je veux être vrai avec moi-même » est le cri lancé par ceux qui recherchent une réelle liberté personnelle. Le désir d'être vrai avec soi-même est à la fois ancien et moderne. Dans son sens moderne, il comprend le désir de devenir « le vrai moi ». Ce qui signifie qu'ici le moi de tous les jours, le moi visible, est étranger au « moi réel ». À un niveau plus profond, les gens sous-entendent que c'est bien cet étranger qui dirige leurs vies. Quelque part, « le vrai moi » n'est pas capable d'émerger et de prendre les commandes de la vie. Un concept moderne pour décrire ce sentiment est celui d'« aliénation » : les gens se sentent aliénés d'eux-mêmes ; ils vivent une vie qui n'est pas celle

qu'ils veulent vivre, mais ils ne peuvent s'en échapper. Bref, ils sont mécontents de la vie elle-même.

Une question primordiale se pose alors : qui établit votre agenda ? Qui le détermine minute par minute, jour après jour ? Qui fixe votre agenda sur le long terme ? Beaucoup répondraient : « D'autres remplissent mon agenda à ma place au travail et à la maison ; mon agenda dépend des demandes de mon patron au travail, de mon partenaire et de ma famille à la maison. » Les femmes en particulier sentent ce poids de l'agenda des autres dans leur vie, pour les travaux ménagers et l'éducation des enfants. Le mouvement de libération de la femme a cherché à permettre aux femmes le contrôle de leur vie. Mais ce sentiment d'aliénation n'est pas propre aux femmes.

On en revient là où le livre a commencé : au sentiment que l'on a que quelqu'un d'autre gouverne l'hyperactivité de nos vies. Le sentiment d'aliénation accompagne l'hyperactivité. En réponse à ce sentiment d'être submergé et de perdre pied, j'ai suggéré que l'on tienne son agenda de telle manière qu'on puisse commencer à construire un sanctuaire qui soit partie intégrante de sa propre vie. J'ai décrit ce sanctuaire qui a pour porte la vertu, pour amortisseur du bruit le silence et la méditation, tout bruit devant être amorti pour permettre l'écoute de voix autres que la sienne. L'étape de l'obéissance, décrite dans ce chapitre, consiste en la construction de murs qui, tout à la fois, stoppent nos voix égoïstes et amplifient la voix de Dieu. Par ce processus, le vrai moi commence à apparaître.

Thomas Merton

Pour accompagner ce processus de découverte de soi, je voudrais me tourner vers un père du désert moderne. Il s'agit d'un être dont la sagesse monastique a frappé les hommes du xxe siècle, tout comme l'avaient fait les pères du désert pour ceux du ive siècle. Il s'appelle Thomas Louis Merton, et son autobiographie, ainsi que ses nombreux autres livres devinrent des best-sellers. Tout d'abord, quelques détails sur sa vie. Né en France en 1915, il quitta avec sa famille ce pays au cours de la Première Guerre mondiale pour aller s'installer aux États-Unis, d'où sa mère était originaire. Après la mort de cette dernière, il fut envoyé à l'école en France, puis en Angleterre. Après la mort de son père et un bref passage par Cambridge, il termina ses études à l'université Columbia aux États-Unis. Thomas Merton venait d'une famille protestante sans ferveur particulière, mais il vécut une profonde conversion religieuse en 1938 et devint catholique. L'année même où les États-Unis entraient dans la Seconde Guerre mondiale, en 1941, il entra à l'abbaye de Gethsémani, dans le Kentucky, où il vécut le reste de sa vie. Cette abbaye appartient à l'Ordre des Cisterciens de la Stricte Observance (OCSO), plus connu sous le nom de trappistes, l'ordre le plus strict et le plus cloîtré de l'Église catholique. Thomas Merton mourut à Bangkok en 1968 alors qu'il participait à un colloque rassemblant de nombreux leaders religieux bouddhistes et hindouistes. Le Dalaï-lama l'a surnommé le « lama américain », ce qui revient en quelque sorte à le considérer comme père du désert pour notre temps.

Toute la vie de Thomas Merton n'a été qu'une quête continuelle, quête pour être vrai avec Dieu, et quête pour être vrai avec lui-même. Pour lui, ces deux quêtes n'en faisaient qu'une. En 1948, il publia *Seeds of Contemplation*[4], un ouvrage prophétique qui n'a pas pris une ride, présentant nombre des problématiques et des réponses dont il est question dans ce livre. Un des thèmes clés de cet ouvrage concerne la recherche du vrai moi. Dans un chapitre intitulé «Intégrité», il écrit: «Bien des poètes ne sont pas poètes pour la même raison que bien des hommes religieux ne sont pas des saints : ils ne parviennent pas à être eux-mêmes. Ils ne réussissent pas à être le poète particulier ou le moine particulier que Dieu voudrait qu'ils soient.» Ils ne parviennent pas à être eux-mêmes, d'une part parce qu'il est plus facile d'être quelqu'un d'autre que soi-même, et d'autre part parce que copier le succès des autres est bien plus facile que risquer un échec qui serait sien. Travailler dur pour copier quelqu'un d'autre est, en fin de compte, de l'égoïsme et non du don. «Il peut y avoir un fort égoïsme à suivre quelqu'un d'autre. Les gens cherchent à tout prix à s'élever en imitant ce qui est populaire – et trop paresseux pour penser à quoi que ce soit d'autre.»

Thomas Merton montre combien la suractivité et le faux moi vont ensemble. «La précipitation est la ruine des saints comme des artistes. Ils veulent un succès rapide et ils ont

---

4. Publié en français et toujours disponible aux éditions Points Seuil sous le titre *Semences de contemplation*.

une telle hâte à l'obtenir qu'ils ne prennent pas le temps d'être vrais avec eux-mêmes. Et lorsque la folie tombe sur eux, ils prétendent que leur hâte fait partie de ce qu'ils sont. »

En fait, il démontre qu'une grande partie de ce que nous affirmons être une part de nous-même n'est en réalité qu'une simple imitation des expériences d'autrui. Être vrai avec soi-même est une tâche longue et profonde. Loin d'être tout tracé, ce chemin nécessite recherche constante et changement constant. Au final, être vrai avec soi-même n'est possible qu'en écoutant Dieu. Tout comme le fait de s'occuper sans cesse est une manière d'éviter d'être vrai avec soi-même, il est nécessaire que le désir d'arrêter d'être constamment occupé rejoigne celui d'être vrai avec soi-même. Laissons cela descendre en nous, puis entrons plus avant dans le sanctuaire.

Nous sommes maintenant au cœur de ce livre, au centre du sanctuaire. Thomas Merton nous offre ici une vérité qui illumine tout l'espace sacré ouvert devant nous et nous présente tout un programme de vie : « Pour devenir moi-même, je dois cesser d'être ce que j'ai toujours pensé vouloir être. »

Le sanctuaire intérieur

Si l'on centre sa vie sur soi-même, l'affirmation de ses désirs et de ses ambitions sera la voie que l'on sera tenté d'emprunter pour chercher à être vrai avec soi-même. L'affirmation de soi devient alors la seule voie pour l'expression de soi. Si vous ne faites qu'affirmer vos propres désirs, vous pouvez avoir l'illusion d'être vrai avec vous-même. Mais en fait, tous vos efforts pour vous rendre plus vrai et plus vous-même ont exactement l'effet opposé, créant un moi de plus en plus faux. Une telle affirmation de soi est erronée car elle coupe d'autrui. Si nos propres désirs sont notre guide dans la vie, alors nous finissons par nous imposer aux autres et nous commençons par exiger leur affection, alors qu'elle est un don et non un dû. Aussi l'affirmation de ses propres désirs est-elle à l'opposé d'un comportement amoureux et aimant. De même que lorsqu'on aspire à être vrai avec soi-même, on aspire à aimer et à être aimé, ce qui signifie que l'on doit trouver un chemin combinant ces deux aspirations.

Il en est des biens comme des personnes : dans l'affirmation des désirs, on saisit ce que les autres possèdent et l'on se coupe d'eux en conséquence, ou bien l'on cherche à avoir ce que les autres ne possèdent pas et l'on se démarque d'eux. On devient riche aux dépens des autres, et l'on croit que le bonheur consiste dans la possession de biens que les autres n'ont pas. Ces biens peuvent aussi bien être spirituels que matériels. La parabole de Jésus sur le pharisien et le publicain illustre ce point : « Je te remercie, Père, de ne pas être comme ce collecteur d'impôts, dit le pharisien. Je ne suis pas comme lui, car je prie, et jeûne, et garde les commandements. » Alors que le publicain ne fait que se frapper la poitrine en disant : « Seigneur, prends pitié de moi, pécheur. » Lequel des deux a été le plus vrai avec lui-même ? Nous savons d'instinct que c'est le publicain, le collecteur d'impôts. Le pharisien se définit et se positionne comme différent des autres : image classique du faux moi se déguisant en vrai moi.

La parabole est un bon moyen d'évaluer à quel point on est vrai avec soi-même. Quand vous le pouvez, dites sans affectation : « Je suis un homme pécheur », et le processus conduisant à être vrai avec soi-même se mettra vraiment en marche, car, en disant cela, vous reconnaissez combien le cœur humain est un lieu aussi bien de mauvais désirs que de bons désirs. Prendre conscience de son propre caractère peccamineux est salutaire afin que le faux moi arrête de se prendre pour le vrai moi. Avoir le sens du péché signifie que l'on ne se fie pas toujours à soi-même pour faire ce qui est bon ; que l'on a besoin de vérifier ses désirs ambigus. Si vous arrivez à accepter que cela fait partie de la vie, alors vous pourrez accepter de recevoir de l'aide et des conseils et vous pourrez choisir de les suivre. Ainsi, vous pourrez limiter votre sentiment d'infaillibilité tout en faisant quelques pas sur la route de la réalisation de soi. Vous avancerez lentement et précautionneusement, mais avec moins de risques d'être trop satisfait de vous-même ou trop complaisant avec vous-même, et avec moins de chances de blesser autrui le long du chemin.

Cela signifie, bien sûr, que vous aurez beaucoup plus l'occasion d'aimer autrui que de simplement l'utiliser au service de votre expression personnelle. Le sens de votre état de pécheur vous conduira bien plus loin que l'autonomie, il vous fera aller vers les autres pour être, pour eux, un soutien. Bien plus loin que l'indépendance se trouve l'interdépendance, où l'on choisit librement de s'attacher à quelqu'un d'autre dans une relation, ou à d'autres dans une communauté. Le challenge à relever est donc d'être vrai avec soi-même de manière aimante, et je crois que ce challenge est relevé de manière plus directe lorsqu'on reconnaît que l'on a besoin du pardon, de conseils et d'aide pour cela. Pardon, conseils et aide, tous trois trouvent leur plus riche source en Dieu. Tournons-nous donc à nouveau vers la prière avec cela à l'esprit. Comme Thomas Merton nous le recommande avec insistance à travers le titre d'un de ses chapitres, « Priez pour la découverte de vous-même ».

« Priez pour la découverte de vous-même »

La tendance actuelle, que l'on trouve également dans des livres de développement personnel et de spiritualité, est d'assimiler désirs intérieurs et voix de Dieu, au point que les désirs intérieurs seraient la voix de Dieu. À l'extrême, Dieu ne devient plus qu'un simple mot désignant le monde intérieur commun à toute l'humanité. Mais on ne peut simplement déclarer que le monde intérieur est Dieu sans vider le mot « Dieu » de son sens le plus classique. Notre vie intérieure est l'une des places où Dieu manifeste sa présence, certes, mais dire que Dieu est présent dans l'âme ne signifie pas qu'il faille diviniser les désirs. On ne peut pas simplement affirmer son vrai moi, on a besoin de prier pour avoir la force de trouver ce moi au-delà des désirs.

Dans le chapitre concernant la méditation, on a vu que la prière du collecteur d'impôts apparaissait sous une forme légèrement modifiée dans la Prière de Jésus, comme une phrase pouvant être répétée dans la méditation : « Seigneur Jésus-Christ, aie pitié de moi, pécheur. » Il est significatif que cette prière soit le mantra chrétien le plus connu et le plus répandu. Car il s'agit d'une prière qui souligne chez l'orant à la fois la connaissance de soi et la demande du pardon de Dieu. En toute vérité, dire cette prière revient à s'y engager tout en étant « vrai avec soi-même ». Le pécheur est certain de deux choses, qu'il est un pécheur et que Dieu lui pardonne. Prises ensemble, ces deux certitudes sont précieuses, car elles montrent que j'ai trouvé comment être vrai avec moi-même de manière aimante. La voie de l'amour s'inaugure et s'ouvre avec l'amour que Dieu me porte, et non avec celui que j'ai pour les autres.

Regardons maintenant à nouveau la question de savoir qui dirige notre vie. En priant « pour la découverte de vous-même », ce n'est plus ni vous-même ni autrui qui contrôle votre vie, mais Dieu lui-même. La vie devient alors recherche de ce que Dieu veut pour nous dans notre vie. Quand on l'a trouvé, alors on a trouvé son vrai moi. On a trouvé l'ultime liberté dans l'obéissance. Trouver ce que Dieu désire pour soi est le travail de toute une vie et ne peut être fait tout seul. Pour y parvenir, on doit rester dans le sanctuaire et ne pas abandonner lorsque vient le mauvais temps, ce qui ne manque jamais d'arriver. Les murs de l'obéissance ont besoin d'un toit pour les tenir ensemble et offrir un abri contre les éléments. On ne peut pas construire ce toit tout seul, on a besoin d'accepter l'aide des autres. Ceci requiert de l'humilité, qui est la prochaine étape, le paradoxe étant que l'on ne peut monter sur le toit que par l'échelle descendante de l'humilité.

Pour aller plus loin dans l'obéissance

– Sur Internet: le site www.mertonfoundation.org permet d'en savoir plus sur la vie et l'œuvre de Thomas Merton.

– Livre: *Seeking God: The Way of Benedict* («Chercher Dieu: le chemin de saint Benoît») est une bonne introduction pour l'application de la Règle de saint Benoît à la vie de tous les jours. Cet ouvrage est écrit par Esther de Waal, une laïque anglicane.

5
Quatrième étape : l'humilité

> « *Quand on se fait grand, on descend ;
> quand on se fait petit, on monte.* »
> RÈGLE DE SAINT BENOÎT 7, *DEVENIR HUMBLE*

En toute humilité…

« Battre sa coulpe » apparaît comme une expérience bien déplaisante, et cependant la tradition monastique insiste sur le fait que l'humilité est une qualité et non un défaut, et qu'elle enrichit nos vies. Nous devons donc commencer par nous demander ce que nous entendons et ce que nous n'entendons pas par « humilité ».

Il est plus facile de commencer par dire ce que l'humilité n'est pas en considérant le personne d'Uriah Heep. Ce personnage de Dickens apparaît dans *David Copperfield*, et la phrase « Je suis si humble » est constamment sur ses lèvres. Le personnage est détestable et obséquieux, se prétendant toujours prêt à obéir à son employeur alors même qu'il en prémédite la chute. Il est finalement démasqué et reçoit ce qu'il mérite. Mais son portrait est si vivant et sa phrase si inoubliable qu'elle est devenue le symbole dans le monde anglo-saxon de celui qui s'abaisse sans être sincère. Le personnage d'Uriah peut être considéré comme caricatural, mais il existe bien d'autres fausses humilités, plus subtiles même, qu'il est nécessaire de relever si l'on veut parvenir à découvrir le vrai sens de l'humilité.

Tout d'abord, l'humilité est souvent vue comme un état de passivité. Il s'agirait juste de ne pas se plaindre lorsqu'on rencontre un revers, d'accepter tout simplement l'inacceptable. Mais cela ressemble plus à l'apathie et à l'inaction qu'à la vraie humilité. Ensuite, l'humilité peut être entendue comme un trait de caractère, naturel pour certains et antinomique pour d'autres. Dans cette acception, l'humilité est le propre des personnes calmes et introverties, elle n'est pas pour tous. Enfin, l'humilité est vue comme caractérisant les personnes âgées, spécialement les femmes. Ceci se retrouve dans des expressions comme «une vieille petite bonne femme», qui, immédiatement, fait surgir l'image d'un comportement doux et effacé. En rassemblant toutes ces considérations, on arrive à une définition de l'humilité qui serait le comportement effacé des personnes timides. Et pourtant, cette interprétation est superficielle et loin de convenir, comme cette simple histoire l'illustre. L'équipe soignante d'un hôpital s'inquiétait d'un patient âgé qui parlait peu et semblait très effacé. En voyant l'aumônier passer par là, une infirmière l'invita à aller lui rendre visite. Quand l'aumônier lui adressa la parole, l'homme lui répondit vigoureusement : « Allez-vous-en, curé, je ne suis pas encore mort ! » Était-il humble, cet homme effacé et calme, soudain devenu agressif ? On voit bien que le seul comportement effacé et calme d'une personne n'indique en rien chez elle la présence ou l'absence d'humilité.

Au-delà des comportements individuels, certaines sociétés semblent structurées en fonction de l'humilité. Des cultures inculquent la soumission des jeunes aux anciens, des femmes aux hommes, d'une race à une autre. Mais cette soumission ne doit pas non plus être confondue avec l'humilité. Dans de telles cultures, les gens ne sont pas humbles, ils sont humiliés, et un abîme sépare l'humilité de l'humiliation. L'humiliation est une misère, qu'on s'inflige ou qu'on inflige. Elle inclut un sentiment de honte chez l'humilié, qui est destructeur. Au fur et à mesure que les droits de l'homme sont devenus les critères d'une culture développée, l'humiliation sociale est devenue de moins en moins acceptée dans le monde. La fin de l'apartheid en Afrique du Sud, l'essor du féminisme, les lois pour protéger l'enfance et les personnes vulnérables, tous ces mouvements du XXe siècle ont réduit l'humiliation érigée en système qui était le lot d'une grande partie de l'humanité. Mais cette formidable prise de conscience globale du besoin d'éliminer toute forme d'humiliation a participé au sentiment chez beaucoup qu'humiliation et humilité sont liées, et qu'on ne peut que récolter de l'humiliation si l'on vient à rechercher l'humilité.

Or l'humilité n'est ni un comportement propre à certaines catégories de personnes, ni un comportement imposé par certaines sociétés. L'humilité est une qualité de vie et un état d'esprit qui doivent être constamment et consciemment nourris et développés. Elle est à rechercher comme un don de Dieu, et l'ultime acte d'humilité consiste à demander ce don de tout notre cœur à Dieu.

Des racines en pleine terre

Comme plus haut, commençons par examiner l'origine du mot afin d'en saisir le vrai sens. Le mot « humilité » vient du latin *humus* qui veut dire sol, ou terre. Il en découle une définition très simple : être humble revient à avoir les pieds sur terre. À savoir : réaliste, honnête et vrai. La racine du mot lie entre eux humilité et humanité, car être humain, c'est être tiré de l'humus. L'homo sapiens est cette motte de terre ayant conscience d'être vivant, comme cela est exprimé de manière magnifique dans le livre de la Genèse. Le nom Adam est tiré d'*admah*, le mot hébreu pour « terre ». Et l'homme est *sapiens* car il a la connaissance, le savoir, parce qu'il peut nommer les choses et choisir de quels fruits du paradis jouir, bien que le seul fruit dont il ne puisse goûter soit celui de l'arbre de la connaissance du bien et du mal. S'il connaissait le bien et le mal, il serait divin, car seul Dieu peut juger du bien et du mal. Mais ce désir d'être divin l'emporte chez Adam et Ève, le serpent les ayant convaincus que Dieu leur a menti : « Dieu a dit que vous mourrez si vous mangez du fruit défendu, mais vous ne mourrez pas, vous serez au contraire comme des dieux. » La tentation d'Adam et Ève consiste donc à sortir de l'humus – humble et humain – afin de devenir dieux, acte suprême d'orgueil. C'est ce manque d'humilité et d'humanité qui est cause de leur chute. Le paradis est perdu.

Cette histoire se joue dans la vie de tout homme, dans ce combat pour rester les pieds sur terre et éviter de se croire et d'agir comme si on était le centre divin de l'univers.

Lorsqu'on examine les relations qui se dégradent, que ce soit entre individus ou entre collectivités, que ce soit par des argumentations amères ou par des guerres, on trouve toujours quelque part un manque d'humilité et un excès d'arrogance. Ce chapitre sur l'humilité concerne donc notre combat pour être pleinement humain, notre désir d'être bien enraciné dans le moi terrestre et réel, notre volonté de ne pas nous laisser tromper par le mensonge d'un moi divin. Cette tâche humaine fondamentale est le lot de tout homme, de toute culture, de tout pays, de tous les temps. C'est pourquoi, lorsqu'on me demande si je crois au récit de la Genèse, je réponds toujours sans hésiter qu'il s'agit là de l'histoire la plus vraie que je connaisse.

L'humilité et la volonté de réussir

Parmi tous les livres de management, un des best-sellers est *From Good to Great* («De bien à mieux») de l'Américain Jim Collins. Dans ce livre, l'auteur répond à une simple question : une bonne entreprise peut-elle devenir une grande entreprise? Si oui, comment? La plupart des grandes multinationales ont eu comme fondateur un génie comme Walt Disney ou Henry Ford.

Mais qu'en est-il de toutes ces entreprises qui se rendent bien compte qu'elles sont bonnes mais pas grandes? Comment peuvent-elles devenir plus grandes? Collins et son équipe de plus de vingt chercheurs ont passé cinq ans à analyser près de 1 500 grandes entreprises afin de trouver une réponse. Ils ont découvert que s'ils avaient investi un dollar dans un échantillon d'entreprises du Dow Jones, ils auraient récolté 56 dollars au bout de quinze ans. Mais s'ils avaient investi ce même dollar dans un portefeuille d'entreprises étant passées du statut de bonne entreprise à celle de grande, ils auraient gagné 470 dollars sur cette même période. Quels facteurs de croissance ces entreprises pouvaient-elles bien avoir en commun ?

Ce qu'ils trouvèrent ne correspondait pas du tout à ce à quoi ils s'attendaient. Prenons Kimberley-Clark, par exemple, qui, en 1971, était une entreprise vieillotte de fabricant de papier dont la valorisation boursière avait dramatiquement baissé durant les vingt années précédentes. Cette année-là, un certain Smith, juriste effacé, devint le nouveau directeur général. Au cours des vingt années qui suivirent, il transforma l'entreprise en leader mondial du papier de grande consommation, avec des marques comme Kleenex, accroissant de quatre fois l'évolution du marché boursier. Smith fut un jour interviewé par un journaliste qui lui demanda de décrire son style de management. Après un silence embarrassé, il répliqua simplement : « excentrique ». C'était un homme timide, issu d'un milieu pauvre, ne mettant pas en avant son statut de directeur général. Et pourtant, il avait une vision claire de ce qu'il voulait pour l'entreprise.

Ce que l'équipe de chercheurs découvrit fut que le passage de bonne à grande entreprise avait toujours coïncidé avec l'arrivée d'un directeur général doté à la fois « d'une extrême humilité personnelle et d'une intense volonté professionnelle ». Ceci allait à l'encontre de toutes les idées courantes à propos de ce que devait être un grand directeur général : un homme invasif et imposant, insensible et sans délicatesse. Si le sauveur qui fait parler de lui ne permet pas la grandeur, il permet l'humilité.

Mais l'humilité doit s'accompagner d'une volonté forte et de beaucoup d'ambition, de l'ambition non pour soi-même mais pour l'entreprise. Au cœur de l'humilité réside une réelle force, et être humble exige de grandes ressources intérieures. Ceux dotés d'une vraie humilité ont appris comment gérer leurs propres émotions et comment stimuler la bonne volonté des autres afin qu'ils s'impliquent dans de grands projets. La volonté de réussir et le désir de grandir rassemblent alors les énergies plutôt que de les disperser ou de les laisser s'affronter.

J'eus un jour la chance de rendre visite à un homme qui avait monté ses affaires exactement de cette manière. La pièce lui servant de bureau était petite, avec une simple table ronde sans rien dessus et plusieurs chaises autour. Sur une étagère, on pouvait voir un téléphone, quelques livres, des photos et quelques-uns de ses produits. Au mur étaient accrochées quelques œuvres d'art. Rien pour imposer, et pourtant, on était au cœur d'une puissante entreprise. « Là, disait l'homme en question, je peux penser, écouter mes directeurs, rencontrer d'autres personnes. » La pièce donnait une impression d'espace, de calme, de concentration. Elle matérialisait l'humble volonté de réussir. Et cela me faisait penser à rien moins qu'un sanctuaire.

Si donc, au cœur de toute grande entreprise, la suractivité est absente, un visionnaire humble et déterminé est, quant à lui, toujours présent. Le monde des affaires est souvent vu comme le lieu par excellence où l'humilité est une faiblesse et non une force. Et pourtant, les recherches de Collins et de son équipe ont montré le contraire : l'humilité est une qualité nécessaire chez un businessman pour que son entreprise excelle. En ayant donc établi à quel point il est pertinent de vivre l'humilité dans le monde moderne, nous pouvons regarder ce que la tradition monastique nous dit concernant cette qualité humaine si essentielle et comment la vivre.

L'échelle de l'humilité

Comme toujours, les pères et mères du désert ont quelques histoires à ce sujet. Voici l'une d'entre elles. Une mère du désert, Theodora, raconte l'histoire d'un ermite qui était capable de chasser les démons. Elle demanda aux démons : « Qu'est-ce qui vous insupporte chez ce saint ermite ? Est-ce son jeûne ? – Non. Nous non plus, nous ne mangeons ni ne buvons », répliquèrent les démons. « Sont-ce ses veilles nocturnes ? – Non. Nous non plus, nous ne dormons pas », répondirent-ils. « Est-ce sa séparation du monde ? – Bien sûr que non, nous aussi nous vivons dans le désert », dirent les démons. « Alors quel pouvoir vous repousse chez lui ? » demanda Theodora. Et les démons de répondre : « Absolument rien ne peut nous vaincre, hormis l'humilité. »

Il en est de la tradition du désert d'il y a quinze siècles comme de Jim Collins aujourd'hui ; nous voyons à quel point l'humilité est puissante pour chasser les démons qui assaillent le cœur humain et lui permettre d'aller vers la vraie grandeur.

Dans sa Règle, saint Benoît place l'humilité au cœur de son message sur la vie monastique. Après ses chapitres introductifs sur les différentes sortes de moines et la manière d'élire un abbé, Benoît aborde le cœur de son enseignement en présentant les trois principales qualités de la vie monastique : l'obéissance, le silence et l'humilité. Nous avons déjà parlé des deux premières, et nous en venons à la dernière des trois. Benoît utilise l'image de l'échelle pour décrire la manière dont l'humilité se met en place dans nos vies. Sur cette échelle, « quand on se fait grand, on descend ; quand on se fait petit, on monte ». L'échelle est notre vie, qui atteint le ciel si notre cœur est humble. L'un des montants est notre corps, l'autre notre âme, et les barreaux sont les différents échelons de l'humilité par lesquels nous gravissons l'échelle. Il y a douze échelons, et au sommet se trouve « l'amour parfait », un lieu d'où toute crainte est bannie et où règne la douceur de faire le bien. Le sommet de cette échelle est extrêmement attractif, mais les rudes douze échelons que Benoît pose pour y arriver sont difficiles à accepter pour des esprits modernes. Ils sont non seulement les fruits du génie de Benoît mais aussi de sa culture. Soyons donc prévenus : ils peuvent être déplaisants à nos oreilles contemporaines. Et pourtant, les cinq hommes de « The Monastery » apprirent à grimper cette échelle, et leur ascension illustre combien les hommes d'aujourd'hui peuvent profiter de cet enseignement extrêmement exigeant.

Le premier échelon de l'humilité est la crainte de Dieu, pas dans le sens de la peur mais dans celui du respect et de l'admiration. Sans un sens de l'admirable merveille qu'est la vie, nous ne pouvons commencer notre ascension. En même temps qu'il demande au moine d'être habité par ce sens de l'admiration et du respect, Benoît demande au moine de « fuir tout oubli ». Il veut dire par là que nous devons nous rappeler ce qu'est la vie, en quoi elle consiste, et ne pas la fuir. Cette crainte confiante et consciente nous amène à prendre la vie sérieusement, à la considérer comme une tâche à accomplir de manière résolue et profonde. Paradoxalement, le sens de l'humour est ici essentiel pour que la vie soit prise sérieusement, mais l'humour doit porter sur notre folie, pas sur la vie elle-même. Ou, pour le dire autrement, lorsque la vie est profondément prise au sérieux, alors une grande part de notre vie, celle qui se déroule à un niveau superficiel, apparaît comme une farce. Certaines attitudes contemporaines disent l'inverse, une poursuite sérieuse du plaisir personnel à tout prix se combinant souvent avec une attitude frivole à l'égard de la vie elle-même. On retrouve là l'hédonisme inconscient et insouciant du *sex, drugs and rock'n'roll*, ou du *sea, sex and sun*, qui considère la vie comme une farce, voire comme profondément absurde, et tente de s'y soustraire. Par contraste, si l'on peut voir à quel point la vie est profondément sérieuse et en même temps rire de notre propre stupidité et folie, nous aurons posé le pied sur le premier échelon de l'humilité. Pour les cinq hommes de la série télévisée, le simple fait d'être venus pour une retraite de quarante jours est le signe qu'ils avaient déjà franchi cet échelon, et ce fut cette sérieuse intention, combinée à un certain sens de l'humour, qui leur permit de faire des progrès spirituels.

« Le deuxième échelon de l'humilité pour un moine, c'est de détester sa volonté égoïste, de ne pas aimer satisfaire ses désirs. » L'insistance dans notre culture contemporaine sur la satisfaction de ses propres désirs et l'affirmation de soi rend ce précepte déconcertant. Faire ce que l'on veut est considéré comme bien et bon en soi, satisfaire ses désirs comme un bienfait, et une grande partie de la spiritualité moderne va dans ce sens-là. Pourtant, le cœur humain est le lieu de nombreux désirs, certains même contradictoires. Ce deuxième échelon de l'humilité est une invitation à reconnaître que tant que nos vies sont dédiées à la recherche de ce qui nous plaît, elles ne peuvent qu'être sujettes à la frustration. Ceux qui obtiennent sans cesse ce qu'ils veulent ne sont ni heureux ni aimés. La vraie joie en cette vie vient de l'acceptation de réalités autres que les siennes propres – la réalité des besoins des autres et la réalité que certaines choses sont ce qu'elles sont et doivent être acceptées comme elles sont.

L'acceptation de ces réalités apporte la vraie paix, mais un tel esprit d'acceptation n'est pas facile à acquérir. Il faut créer un espace entre ses propres désirs et ses actes, entre la pensée et l'action, de manière que d'autres facteurs puissent intervenir dans l'équation. Par exemple, je peux satisfaire la faim dès qu'elle vient, sans aucune distance entre le désir et la satisfaction du désir. Mais si j'apprends à attendre avant de manger, par cette ascèse même, par cet exercice appelé le jeûne, le lien entre le désir et l'action se distend. Cette discipline religieuse traditionnelle apporte énormément, mais je ne l'évoque ici que comme moyen d'apprendre à devenir plus attentif au type de réponse que nous apportons à nos désirs. Par l'attente précédant l'assouvissement de ma faim, j'apprends à contenir mon désir. Bien évidemment, nos désirs ne disparaissent pas, et il ne s'agit de vouloir leur disparition, c'est là l'erreur de tout puritanisme, mais ce que nous pouvons faire en revanche, c'est apprendre à laisser des facteurs autres que nos seules envies personnelles orienter notre conduite. La gourmandise et l'avidité, la luxure et la vanité, l'avarice et la colère, ceux-ci et tous les autres désirs du cœur, sont des traits permanents de notre vie, mais ils peuvent être contenus de manière que nous réagissions plus lentement et plus posément à leurs injonctions, permettant ainsi à d'autres facteurs de jouer leur rôle dans nos décisions.

Pour le troisième échelon de l'humilité, Benoît ouvre l'âme à ces autres facteurs que nous pouvons prendre en considération lorsque nous avons appris à ne pas réagir de manière impulsive, primaire et immédiate à nos envies. À cet échelon, «le moine obéit parfaitement à son supérieur par amour de Dieu». Comme nous l'avons vu dans le dernier chapitre, il ne s'agit pas ici de la même obéissance que celle requise d'un militaire pour le bon fonctionnement de l'armée, mais de celle requise dans une famille ou une communauté pour qu'elle soit un lieu où règne l'amour. Obéir par amour est un moyen très concret de faire passer nos désirs au second plan afin de devenir plus libres.

Le quatrième échelon de l'humilité révèle combien l'échelon précédent bénéficie non seulement à la famille et à la communauté mais à celui-là même qui obéit : « Dans ce chemin de l'obéissance, il [le moine] embrasse fortement la patience, avec un cœur qui garde le silence, même quand on lui commande des choses pénibles et contrariantes, même s'il faut souffrir l'injustice. » L'important ici est la patience, *patientiam* en latin. L'humilité suppose la patience, et c'est pourquoi elle offre des occasions de croissance personnelle. La patience n'est pas la tolérance, car certaines choses ne peuvent être tolérées. Mais cela n'empêche pas que tout soit traité avec patience. Une réponse précipitée est rarement bénéfique et efficace, même en temps de crise. Mais la patience ne consiste pas non plus à supporter avec le sourire ce que nous haïssons ; cela relève de la force, de l'endurance. La patience est plus subtile, elle consiste à tenter de vivre de manière ouverte et positive les difficultés venant du fait qu'on essaie d'obéir aux autres et de les aimer. Embrasser la patience revient à embrasser la souffrance, mais une souffrance assumée par amour, dans l'amour. Les conflits et les discussions un peu vives traversés par les hommes de « The Monastery » étaient le fait de personnes en lutte à cet échelon. Anthoney le franchit victorieusement lorsque, après un vif échange où il faillit partir et tout laisser tomber, il se reprit à la dernière minute et décida de rester. Il choisit alors d'obéir patiemment au groupe plutôt que de quitter ce lieu qu'il ne supportait plus.

Le cinquième échelon de l'humilité consiste dans le fait « d'avouer humblement à son abbé toutes les pensées mauvaises qui arrivent à son cœur ou bien les fautes qu'il a faites en secret, sans rien lui cacher ». On peut appeler cela l'honnêteté radicale ou la sincérité intégrale, et il s'agit là d'un point clé de la vie monastique. Les cinq hommes commencèrent à franchir ce pas lorsqu'ils commencèrent à se confier vraiment à leurs tuteurs en vie monastique. Leur disponibilité et leur ouverture de cœur leur permirent d'apprendre à grande vitesse. Les dialogues qu'ils échangèrent devinrent plus profonds, plus honnêtes, et ils leur permirent d'avancer.

Ces échanges peuvent être considérés comme une sorte de psychothérapie, et de fait, ils ne sont pas sans lien avec elle. Il faut cependant noter que l'insistance ici ne porte pas sur la psyché de la personne concernée mais sur ses mauvaises pensées et actions. Alors que dans le cadre de la psychothérapie, l'action thérapeutique consiste à faire en sorte que la personne puisse rejoindre son histoire personnelle en sortant des jugements qu'elle porte sur elle, sur ses pensées et sur ses actes, l'humble confession des fautes demande au contraire de porter un regard critique sur ses gestes quotidiens. Il y a donc un lieu pour la thérapie, un autre pour la confession – ce que l'on comprend aisément lorsqu'on saisit la différence entre la mauvaise culpabilité, qui rend responsable de ce dont on n'est pas responsable, et la saine culpabilité, qui rappelle à notre conscience les actes mauvais dont nous sommes responsables. Aussi, s'il peut arriver que la confession entretienne un sentiment de

Quatrième étape : l'humilité

mauvaise culpabilité, reconnaître honnêtement et humblement le mal qu'on a pu faire dans sa vie peut au contraire être extrêmement positif, puisqu'on permet alors à la lumière d'envahir ses propres zones ténébreuses. Mon expérience de prêtre m'a montré qu'admettre humblement, en vérité, le mal commis, bien loin d'entretenir la culpabilité, libère l'homme de cette culpabilité et lui permet d'avancer. On rejoint encore l'intuition et l'expérience des pères du désert qui voyaient dans l'impossibilité, pour un moine, de se confesser et de confier une faute à un autre le meilleur moyen pour le démon de garder ce moine sous sa griffe. « Rien ne réjouit davantage le démon que de voir ses manigances rester secrètes », dit la tradition du désert.

Une telle ouverture de cœur demande une grande qualité d'écoute et une sage direction de la part de celui qui reçoit ces confidences. C'est la raison pour laquelle Benoît recommande que ce soit l'abbé qui les reçoive, puisqu'il demande que l'abbé soit désigné en raison même de ces qualités. Bien évidemment, d'autres peuvent convenir. Le tout est de faire bien attention à qui l'on fait confiance. Cette tradition monastique de l'aveu à un autre de ses mauvaises pensées et actions est une des racines de la tradition catholique de la confession sacramentelle à un prêtre.

Les trois échelons suivants prennent sens à la lumière de ce cinquième échelon dont nous venons de parler concernant l'honnêteté à l'égard de soi-même. Car les sixième, septième et huitième échelons ont tous pour objet l'abaissement volontaire : un abaissement vu comme faisant partie de cette honnêteté radicale. S'il s'agissait de se déconsidérer soi-même, de s'humilier, cet abaissement n'aurait aucun sens et serait même dangereux. Mais vue sous l'angle de l'honnêteté foncière que l'on doit avoir à l'égard de soi-même, il est d'une grande valeur. Le sixième échelon est «d'être content de la condition la plus ordinaire et la plus basse. Dans tout ce qu'on lui ordonne de faire, il pense qu'il est un ouvrier pauvre et indigne». Tout comme «pauvre», «indigne» est un terme tout relatif qui veut plutôt dire «moins digne» que d'«aucune dignité». Cela dit, le point le plus important porte sur le tout début de la phrase, sur le fait que le moine est satisfait, content, heureux de la place qui lui est assignée. Cette capacité à être content quels que soient les événements est le fruit d'une grande connaissance de soi. Même lorsque la fonction, le rôle et le statut lui sont enlevés, la personne habitée par l'humilité fait son miel de tout.

Le septième échelon dit que «non seulement le moine admet de bouche mais est également persuadé de tout son cœur qu'il est inférieur à tous et de moindre valeur». Le point fondamental ici est l'intime conviction. Un jour je suis tombé sur un merveilleux manuel de l'époque victorienne concernant les bonnes manières. Une partie, intitulée «L'humilité viciée», décrivait comment certaines personnes commençaient toujours une conversation par : «Bien sûr, je ne suis pas un expert, mais il me semble que…», ou bien : «Inculte comme je suis, j'hésite à exprimer une opinion, mais…». Ces phrases sont viciées car elles relèvent de la fausse humilité. Comme le dit Benoît, ces personnes ne font qu'«admettre de bouche». Si ces personnes croyaient vraiment ce qu'elles disent, elles tairaient leur humilité. Ce qu'elles cherchent en fait, c'est à gagner l'approbation de ceux qui les écoutent. En affirmant une prétendue indignité, elles espèrent gagner en retour un jugement en leur honneur sur la pertinence de leur propos : « Mais non, mais non, au contraire, vous avez bien raison. » Ce septième échelon vient lutter contre une humilité de ce type, viciée et vicieuse.

Le huitième échelon consiste à « faire ce que la règle commune de son monastère et les exemples des anciens invitent à faire, et rien d'autre ». À des oreilles modernes, de tels propos sont honteux. Ils ne peuvent qu'être vus comme un moyen de stagner, ou pire, d'opprimer. Ils interdisent toute créativité, coupent de toute source de vie. Un moine bouddhiste vietnamien affronta un jour cette culture moderne de façon très directe et concrète alors qu'il visitait une université américaine dans les années 1960. Il lui fut demandé comment il enseignait la voie de l'éveil aux étudiants étrangers qui venaient le visiter. Il répondit simplement : « Je leur demande de faire le thé. » Qui que nous soyons, quoi que nous fassions, quels que soit notre histoire et notre chemin, vient le moment où nous devons reconnaître que l'enseignement spirituel va entrer profondément en nos âmes au point de tout bouleverser, et tout se met en branle pour rejeter un tel enseignement. L'Adam ou l'Ève qui est en chacun de nous veut rester le maître du jeu, aller dans le sens de la connaissance du bien et du mal. Nous préférons connaître par nous-même, à notre manière. Mais la vie spirituelle n'est pas ainsi ; il s'agit de faire le thé, de dire des prières et d'écouter les anciens. Cette demande, cet ordre n'a pas pour objectif d'humilier, mais d'aider le disciple à s'éloigner de sa propre volonté afin de se diriger vers une forme de vie où Dieu pourra parler et être entendu. Une autre manière d'illuminer cette étape consiste à la voir sous l'angle des supérieurs. Car c'est une lourde responsabilité que d'exiger de la communauté ce qui est juste, et qu'elle le vive pleinement. Dans une bonne communauté, ils vont demander à tous ses membres de contribuer à la manière d'appliquer la règle commune.

Les neuvième, dixième et onzième échelons ont tous trait à la retenue dans le langage. Nous avons déjà vu ce que la tradition monastique dit au sujet du silence, mais dans ces échelons, Benoît nous montre comment le silence dérive de la vie communautaire telle que décrite au huitième échelon. Dans la famille comme dans la communauté, on peut perdre un temps et une énergie considérables à se plaindre, à ronchonner au sujet des conditions de vie, à récriminer. Benoît hait tout murmure, et l'interdit avec la plus grande vigueur : « Par-dessus tout, qu'ils ne récriminent pas », dit-il. Il n'aime pas non plus certains rires. Il sait bien qu'on peut se livrer à une forme de plaisanterie qui, loin d'être de l'ordre de cet humour où l'on rit de soi-même et qui permet d'avancer, est de l'ordre du rire cru, conduisant à un comportement plein de malice et de coups bas. Rien de cela ne trouve sa place dans une famille, une communauté, ou un lieu de travail dignes de ce nom.

Tous ces échelons désormais franchis, nous nous trouvons au sommet de l'échelle. « Le douzième échelon de l'humilité pour un moine, c'est non seulement d'être humble dans son cœur, mais encore de le manifester à tout moment dans son attitude. » Cela peut se résumer par sincérité, intégrité, unité : la personne intérieure et extérieure est une, sans aucune dissimulation de l'esprit et du corps. La personne vraiment humble se reconnaît en ce qu'elle combine une attitude à la fois intérieure et extérieure. Et quelle est cette attitude ? Rien de spectaculaire ni d'héroïque, simplement la profonde conviction d'être pécheur : « Seigneur, je suis un pécheur. » Et Benoît, en conséquence, de conclure en se référant à la parabole du collecteur d'impôts et du pharisien. Au sommet de l'échelle de Benoît se trouve une personne qui, littéralement, est montée en descendant : la constante réminiscence de ses péchés constitue l'ultime échelon. Cette constante réminiscence de son péché devient source de joie, car elle lui rappelle la miséricorde de Dieu à son égard et combien Dieu l'aime. Il continue à avoir des faiblesses comme quiconque, mais ce qui le distingue des autres est la profonde conscience de ses propres fautes, une absence de critique à l'égard de celles des autres et un chant constant de louanges dans l'action de grâce pour la miséricorde de Dieu à son égard. En montant l'échelle, il est revenu sur terre ; il est monté en chutant.

De bien des manières, cette montée liée à la descente décrit l'expérience faite par Tony à la fin de « The Monastery », une expérience religieuse pas tant pleine d'exaltation que d'humanité. Durant les semaines précédentes, il avait monté plusieurs des échelons de l'échelle de l'humilité, et ce travail l'avait rapproché de sa propre humanité, loin de ce qu'il avait pu faire de dégradant sur le plan humain. À la fin de son séjour, lors de son dernier entretien avec son tuteur, il se demandait ce qu'il allait faire une fois revenu chez lui. Et alors, dans un moment de grâce, il franchit le dernier échelon, dans une grande joie de se trouver là. Et il y est resté depuis l'émission, joyeusement enraciné, de plus en plus enraciné au fur et à mesure que les semaines ont passé et heureux d'avoir redécouvert son humanité par la miséricorde de Dieu. Dans une réelle intégrité, il a laissé derrière lui un mode de vie pour en adopter un autre, en combinant humilité personnelle et volonté de réussir.

Pour aller plus loin dans l'humilité

– Sur Internet : www.worthabbey.net/bbc et cliquer sur « Tony's Story » pour trouver son poignant témoignage au sujet de ce qui s'est passé en lui durant ses quarante jours au monastère.

– Livre : *Truthful Living* (« Vivre en vérité : Les enseignements de saint Benoît sur l'humilité ») de Michael Casey, un moine trappiste australien qui traite en profondeur l'enseignement de saint Benoît sur l'humilité. Il a été une source d'inspiration pour une grande partie de ce chapitre.

6
Cinquième étape : la communauté

> *« Chacun voudra être le premier pour montrer du respect à son frère. Ils supporteront avec une très grande patience les faiblesses des autres, celles du corps et celles du caractère. »*
> RÈGLE DE SAINT BENOÎT 72, *DU ZÈLE VERTUEUX DES MOINES*

Jetons un regard sur le chemin parcouru. J'ai proposé d'entrer dans le sanctuaire par la porte marquée « vertu », de travailler à constituer un sol de silence et de méditation, sur lequel nous pouvons monter les murs de la capacité à écouter Dieu. Nous avons terminé la troisième étape sur l'obéissance en nous demandant comment nous protéger des éléments. En réponse à cette question, nous avons monté l'échelle de l'humilité et avons atteint le toit. Là est le lieu du refuge, d'où Benoît dit que la crainte est bannie et l'amour parfait possible. Voyons maintenant comment il rend cet amour possible en écoutant ce qu'il dit à propos de la communauté.

La communauté et moi

Un concept est trouble lorsqu'il est utilisé à tout va par les politiciens, et le terme de communauté entre dans cette catégorie. La facilité avec laquelle on colle l'étiquette de « communauté » à toute chose est vraiment extraordinaire. Voici quelques exemples de « communautés » mentionnées récemment dans des articles de journaux : des personnes qui roulent à bicyclette sont « la communauté de la petite reine » ; des espions et leurs commanditaires « la communauté intelligente » ; des personnes d'une même origine ethnique « la communauté noire »... Personne ne nie que tous ces groupes ont un trait en commun : pour l'un la bicyclette, pour le deuxième l'espionnage et pour le troisième la couleur de peau. Mais en quoi ces différents facteurs font-ils de chacun de ces groupes une communauté ? Pour moi le comble a été atteint lorsqu'un consultant en informatique voulut que je lui explique comment nous « managions notre communauté de données ». Quand je lui ai demandé ce qu'il entendait par là, il répondit que la communauté de données correspondait au listing de tous ceux dont nous avions les coordonnées dans notre banque de données. Et j'appris alors qu'avoir noms et adresses sur un même ordinateur suffisait pour constituer une communauté...

Bien qu'un même quartier soit souvent qualifié de « communauté locale », cette communauté se réduit le plus souvent à partager le même code postal, et non une même vie. Le problème vient du fait que le mot « communauté » a au moins deux sens différents, et que la connotation positive de l'un des sens se transmet au second. Quand, par exemple, quelqu'un achète une bicyclette, il rejoint une communauté dans le sens où il fait désormais partie d'un groupe de personnes ayant en commun la possession d'une bicyclette. Mais s'il intègre un club cycliste, il rejoint une communauté dans un sens différent, en ce qu'il a l'intention de nouer des relations humaines avec un groupe ayant un intérêt commun, en l'occurrence le vélo. Beaucoup disent que la communauté à laquelle ils appartiennent est cette dernière alors qu'en fait, elle n'est que la première. Ainsi, par le seul fait d'acheter un vélo, voici que je peux affirmer avoir rejoint une communauté alors même que je n'ai rien fait pour rencontrer quelqu'un : il s'agit littéralement d'une communauté au rabais.

Si nous agissons ainsi, c'est que nous avons tendance à nous considérer d'abord et avant tout comme des êtres indépendants n'ayant besoin d'être liés aux autres que de manière limitée. L'homme autonome d'aujourd'hui choisit avec attention les organisations aux objectifs bien précis et délimités qu'il veut rejoindre, comme les clubs de sport, et ne s'engage vraiment que dans un cercle familial, amical et professionnel défini. De moins en moins de gens intègrent de plus larges communautés. La forte camaraderie des partis politiques et des syndicats a cédé la place à l'alliance politique et sociale, plus facile et transitoire. L'appartenance à l'Église a été supplantée par le désir individuel du confort spirituel, l'amour du prochain remplacé par les comités de quartier pour résoudre les disputes de voisinage. Même si quelques nouvelles communautés sont nées dans les années 1960 et 1970, nombre des associations de secours mutuel refluent. Aujourd'hui, en Grande-Bretagne, la plupart des moins de trente ans ne rejoignent aucun parti politique, ne mettent pas les pieds à l'église et ne donnent pas d'argent à des œuvres ou à des associations. Nombreux sont ceux qui ne se préoccupent même pas de voter.

En 2005, la chaîne MTV publia le résultat d'une enquête intitulée : « Est-ce la génération du "Je" ? » L'enquête montrait que la sophistication grandissante des gadgets électroniques conduisait toute une génération à se connecter aux machines plutôt que les uns avec les autres. L'idée d'un village global s'évanouit à mesure que les gens ont de plus en plus de moyens d'information sans avoir à se soucier d'aller vers les autres. L'hyperconsommateur est jeune et sûr de lui ; il nourrit son estime de soi en achetant plus et plus cher, au lieu d'entrer dans le laborieux processus de l'acquisition de la sagesse. On cherche à se connecter à sa propre histoire plutôt qu'à celle des autres. Même si toutes ces remarques sont parfois caricaturales, cette enquête me fit comprendre que nous risquions de créer un monde dans lequel chacun affirmerait : « Je suis mon propre sanctuaire. » Considérons donc ce que Benoît nous offre pour nous aider à sortir de l'impasse mortifère du « sanctuaire de soi » et à entrer plus avant dans la tâche bien plus large, exaltante et féconde consistant à construire de réelles communautés.

La communauté bénédictine

Cette tendance au « sanctuaire de soi » se retrouve aussi chez les spirituels. Durant une des rencontres que notre communauté de Worth entretient régulièrement avec les moines bouddhistes de Chithurst, nous discutions de la vie communautaire. Le moine bouddhiste nous dit qu'un nombre considérable de ceux qui venaient à eux désiraient vivre en ermites. Ils ne voulaient pas vivre avec les autres moines, mais vivre seuls, et tout de suite. Il devait leur rappeler alors que Bouddha avait tout un enseignement concernant la vie communautaire et l'apprentissage de la vie en commun. Benoît lui-même semble avoir été habité par un même excès de zèle pour la vie érémitique : il quitta Rome alors qu'il y était étudiant pour se retirer dans les collines à l'est de la ville, dans une grotte, afin de chercher Dieu par ses propres moyens. Même si la Règle permet aux moines qui le désirent de vivre en ermites, cela ne peut se faire que pour ceux qui « ne sont plus des débutants dans la première ferveur de leur vie religieuse. Mais qui ont été éprouvés longtemps, au monastère » (Règle de saint Benoît 1, 3). Apparaît donc ici ce que Benoît a appris des erreurs de sa jeunesse. Dans le cadre de la lutte pour la pureté du cœur – le grand but monastique –, les réactions que nous avons à l'égard des autres nous permettent d'apprendre énormément sur nous-mêmes. Ce n'est qu'une fois ces leçons apprises et intégrées que nous pouvons « être capables de lutter seuls contre les tentations qui viennent du corps et des pensées ».

Les vœux les plus traditionnels et les plus anciens ne sont pas ceux de pauvreté, de chasteté et d'obéissance, comme beaucoup peuvent le croire. Ces vœux-là sont ceux prononcés dans des ordres tels que les franciscains, nés au Moyen Âge, près de sept cents ans après Benoît. Quand un bénédictin prononce ses vœux, il prononce ceux que

Benoît mentionne dans sa Règle, à savoir ceux d'obéissance, de stabilité et un troisième, qu'il est impossible de traduire du latin, de *conversatio morum*. On a longtemps pensé que ce mot était une variante de *conversio*, signifiant « conversion ». Mais les chercheurs sont maintenant d'accord pour dire que ce n'était pas ce qu'entendait Benoît. Dans les dictionnaires étymologiques, vous pourrez trouver un indice quant au sens de *conversatio*. Au mot « conversation », on peut voir que le premier sens du mot, maintenant vieilli, est celui de « vivre avec quelqu'un », et que le second sens, désormais courant, « parler avec quelqu'un », dérive tout simplement de ce sens premier. Le vœu du moine bénédictin consiste donc en une ferme résolution de vivre avec d'autres, en l'occurrence d'autres moines, et donc de s'engager dans la voie monastique, ce qui implique le partage des biens et le célibat. Il est frappant de voir que les trois vœux monastiques ont tous un lien avec la vie commune. Les bénédictins promettent d'obéir avec d'autres, d'être stables avec d'autres, et de vivre avec d'autres, en suivant la voie monastique. Certains historiens suggèrent qu'il s'agirait là de trois facettes d'un même vœu : la promesse de vivre toute sa vie dans l'obéissance à cette communauté monastique particulière. Que tel soit le cas ou non, il y a clairement trois dimensions du vœu, et puisque nous avons vu le sens de l'obéissance dans la « Troisième étape », jetons un regard plus attentif aux deux autres dimensions.

Le vœu monastique de stabilité aide le moine à éviter de croire que l'herbe est toujours plus verte à côté. Lorsqu'il parle des différentes sortes de moines, Benoît est particulièrement critique à l'égard des «gyrovagues», qui «passent toute leur vie à courir d'une région à l'autre. Pendant trois ou quatre jours, ils se font loger dans les maisons des moines, tantôt chez les uns, tantôt chez les autres». Pour lui, ces moines «sont esclaves de leurs désirs et ils ne cherchent qu'à bien manger» (Règle de saint Benoît 1, 11). Benoît est très clair sur le fait qu'on grandit dans la vie spirituelle non pas tant en restant en un même lieu qu'en persévérant au sein d'une même communauté. L'expérience de l'interaction réciproque est centrale dans sa vision de la spiritualité, et toute la Règle montre qu'il est bien conscient que cela peut être extrêmement difficile. Sa première version de la Règle était certainement plus courte que celle que nous avons, et les chapitres qu'il ajouta plus tard concernent tous les relations entre les différents membres de la communauté. On ne trouve rien sur les difficultés dans la prière, ou le besoin de travailler plus durement, rien concernant l'administration du monastère ni de ses biens. Les pierres d'achoppement rencontrées par ceux qui tentaient de vivre sa Règle n'étaient manifestement pas de cet ordre mais plutôt dans ce qui a exigé un traitement plus détaillé dans les chapitres de la seconde édition. La section finale de la Règle ne concerne donc que des questions de vie commune : comment répondre lorsque l'impossible nous est demandé, comment ne pas en venir aux mains, comment obéir les uns aux autres et non simplement à l'abbé, le tout contenu et culminant dans : «Ils auront entre eux un amour sans égoïsme, comme les frères d'une même famille. Ils respecteront Dieu avec amour. Ils auront pour leur abbé un amour humble et sincère. Ils ne préféreront absolument rien au Christ. Qu'il nous conduise tous ensemble à la vie avec lui pour toujours!» (Règle de saint Benoît 72, 8-12). Nous allons au ciel ensemble ou pas du tout ; il n'existe pas de compartiments dans le train bénédictin ayant pour destination la vie éternelle.

Pour Benoît, le fait de simplement maintenir sa course avec d'autres est vital pour la vie spirituelle, d'où le vœu de stabilité, de se joindre à vie à une communauté particulière. Le troisième vœu du moine bénédictin lui est directement lié. Comme nous l'avons vu, *conversatio morum* signifie «vivre ensemble» et le mot «conversation» dérive de ce sens premier. Si la stabilité, par le fait de rester ensemble, est fondamentale, alors le seul fait de parler avec ceux avec lesquels on vit est vital. La *conversatio* est nécessaire pour que la communauté soit bien réelle. Outre le silence en arrière-fond, une conversation sérieuse et profonde fait partie de l'essence de la vie spirituelle. Comme nous l'avons vu à propos de l'humilité, Benoît est plutôt sévère et sur la réserve dès qu'il est question d'une conversation frivole, mais il est en revanche très affirmatif quant à la nécessité d'une saine conversation.

La saine conversation en pratique

Que ce soit pour aider les gens à gérer un échec dans leur mariage, ou des conflits dans leur travail, le besoin d'une saine conversation reste tout aussi pertinent pour soutenir les gens dans leur communauté de vie. La suractivité peut amener à négliger d'aborder des questions de fond avec son conjoint ou son collègue, le superficiel étant toujours plus aisé. Il est surtout particulièrement difficile de parler dès qu'il s'agit d'exprimer des sentiments, d'où l'importance de créer un espace à l'intérieur duquel la parole puisse librement circuler. Alors que je travaillais comme directeur d'école, nous avions pris l'habitude de terminer nos réunions d'équipe de direction par cinq minutes durant lesquelles chacun était invité à dire ce qu'il avait ressenti durant la réunion. Il n'y avait pas de discussion, juste une succession de déclarations; et il était mutuellement convenu que ce que l'on pensait et ressentait de la réunion en question devait être dit à ce moment-là, devant tous, et non plus tard et dans le dos des uns et des autres: « J'ai été contrarié d'avoir été coupé… », « J'ai vraiment apprécié la manière dont le groupe m'a aidé à clarifier ma position… », « Ce rapport financier m'a fait un coup… ». Ces quelques exemples montrent à quel point une telle atmosphère de travail pouvait contribuer à nous rappeler que nous étions entre êtres humains, capables de dire ce qui est difficile à dire, puis d'avancer.

Une saine conversation ne requiert pas simplement de bien parler mais de bien écouter. Aussi «Garder le silence» (titre du chapitre de Benoît sur le silence) est-il le complément indispensable au bien parler, et non son contraire. Dotée de ces deux éléments, une saine conversation génère une vie de communauté réelle et vraie, et permet aux hommes de donner le meilleur d'eux-mêmes. Car une communauté qui génère de la saine conversation libère liberté et volonté pour donner le meilleur de soi-même.

Un des projets que nous menons, dans le cadre de «Cloître ouvert» – le programme de retraite de Worth –, s'intitule «La gym de l'âme». Ce projet nous a amenés à écrire sur les questions d'intégrité dans les services financiers et à conduire des séminaires d'éthique pour des managers. Un des séminaires que nous menions comprenait une équipe de managers d'une compagnie européenne dont les membres recherchaient sincèrement de meilleurs moyens pour travailler ensemble. Nous avons offert une stratégie toute simple durant le séminaire, d'offre et de demande. Après un temps de réflexion, chacun devait faire une demande et une offre à ses collègues. Nous les avons donc invités à inscrire les comportements principaux qu'ils attendaient des autres et ceux qu'ils s'engageaient à suivre à leur égard. Un directeur de succursale pouvait dire, par exemple: «Il est important pour moi que le siège nous communique ses idées de manière à ce que nous apprenions les uns des autres. De mon côté, j'offre d'être moins sur la défensive lorsque je me rends au siège.»

Ce dispositif tout simple produisit un nouveau et plus profond niveau de conversation pour le reste du séminaire et, surtout, permit de mieux définir les relations de travail pour la suite. Cet exemple illustre combien, si la saine conversation semble souvent inaccessible, la façon d'y parvenir est élémentaire. Il suffit d'un encouragement pour que les individualités s'expriment.

Benoît veut une communauté où les gens puissent exprimer leur individualité plutôt que leur individualisme. L'individualisme revient à faire ce que l'on veut comme on veut, sans tenir compte des autres. L'individualité, elle, implique que l'on apporte sa pierre à la vie de la communauté, même si cela ne plaît pas à tous et occasionne des critiques. Cette pierre, cette «bonne parole» comme on pourrait l'appeler, est encouragée par Benoît dans le chapitre sur «La réunion des frères en conseil», dans lequel il dit : «Si tous les frères sont appelés au conseil, c'est que souvent le Seigneur découvre à un frère plus jeune ce qui est le mieux.» Pour lui, tout le monde, même les plus jeunes, doit être incité à apporter sa contribution.

On peut percevoir dans la société d'aujourd'hui des signes encourageants, montrant que certaines personnes font un réel effort conscient dans le sens de ce type de vie communautaire. Les groupes de lecture connaissent un regain de popularité, créant de petites communautés où tous peuvent partager une saine conversation. Les clubs sportifs amateurs s'occupent plus que du sport. Ainsi, par exemple, les Worcester Joggers sont fiers de proclamer : «Nous ne laissons personne à la traîne», accompagnant toujours celui qui est en queue. Peter Gilbert, un ancien directeur des services sociaux, en est membre et il a décrit son expérience du club dans une revue médicale. Il estime que le jogging met les personnes au même niveau, de telle sorte que le club devient une famille étendue, où l'on partage expériences et idées, réalisations et déceptions.

Encore une fois, la saine conversation se produit lorsque les gens décident de mettre en place les moyens à la fois simples et efficaces permettant de la créer.

Benoît décrit de telles structures simples et efficaces dans la majeure partie de sa Règle. Il prône une certaine façon de faire les choses au sein de sa communauté. Il n'empêche en rien les autres abbés de modifier ces dispositions, mais il préconise une manière de faire qui soit agréée par la communauté. Sans un tel consensus, une vraie conversation n'est pas possible. La vie de la communauté soutient la saine conversation à la fois en l'encourageant et en en fixant les limites. Les moines savent alors à quoi s'attendre et ce que l'on attend d'eux. Les vœux de stabilité et de *conversatio* permettent d'espérer que les moines vont persévérer dans la vie de la communauté et qu'ils vont maintenir un niveau élevé de saine conversation.

Nous allons maintenant examiner la manière dont une « règle » fonctionne pour répondre à ces attentes.

Une règle de vie

Pour Benoît, vivre la vie monastique signifie vivre sous une règle et un abbé, la « règle » s'entendant comme l'expression de toute une manière de vivre et non comme une prescription au sens moderne du terme. Pour comprendre le rôle d'une règle dans la vie de la communauté, tournons-nous d'abord vers Pacôme, le premier des pères du désert qui a créé une communauté. À l'origine, les moines étaient tous ermites, s'offrant mutuellement appui et assistance à distance, et vivant dans des communautés aux liens très lâches. Mais comme il arrive souvent, des jeunes hommes sont venus un jour dans le désert égyptien demander à Pacôme de les instruire dans la voie monastique.

Pacôme les invita à vivre avec lui afin de les enseigner par son exemple. Il se mit à faire toutes les corvées, à prier profondément et à servir tous les besoins des nouveaux frères. Il était persuadé que les arrivants finiraient par saisir le sens de ses actes et participeraient plus pleinement à tout ce qu'il faisait. Imaginez sa déception quand il constata que ces hommes n'étaient que trop heureux de le laisser faire tout le travail difficile. Ils en vinrent même à abuser de lui et à exploiter son apparente timidité. Il se laissa faire pendant plusieurs années, espérant que son humilité allait un jour les inciter à changer leurs habitudes. Mais plus le temps passait, plus ils abusaient de sa gentillesse, et plus ils le méprisaient. Pacôme décida alors que quelque chose devait changer. Il leur décrivit donc clairement le mode de vie qu'il attendait d'eux. Il expliqua comment le moine devait vivre et se comporter, et créa ainsi la première règle monastique pour une communauté. Il appela sa communauté une *koinonia*, d'un mot grec utilisé dans la Bible pour décrire la première communauté chrétienne. Ce mot n'est pas facile à traduire, mais il connote une chaude tonalité de fraternité entre personnes appartenant à un large groupe. Il s'agit en fait d'une saine conversation à grande échelle, parfois traduite par « communion », comme dans les expressions « communion avec d'autres personnes » et « communion avec la nature ». Au moment de la mort de Pacôme, la vie monastique comme « communion » s'était établie dans toute l'Égypte, dans des monastères comprenant parfois jusqu'à plusieurs centaines de moines. Ce qu'il apprit à ce sujet par d'autres maîtres monastiques inspira le jeune Benoît. Il vit la nécessité d'un cadre communautaire clairement établi pour que la vie monastique fût fructueuse, d'où son insistance sur le fait que les moines doivent vivre « sous une règle et un abbé » (Règle de saint Benoît 1, 2).

Cette histoire peut sembler de peu d'importance aujourd'hui, mais il en est de la communauté comme il en a été de l'humilité : la recherche moderne apporte une confirmation inattendue des idées et des intuitions pénétrantes de nos anciens.

Une équipe de chercheurs britanniques composée d'un psychiatre, d'un psychologue et d'un travailleur social a remarqué que beaucoup de recherches avaient été menées sur les relations de personne à personne et les liens familiaux, mais que très peu avaient été réalisées sur les relations au sein de groupes plus larges. Donc, dans les années 1980, ils ont constitué un grand groupe (comprenant plus d'une vingtaine de personnes) et ont regardé son évolution au fil des ans. Ils ont observé qu'une fois la période des politesses passée, la première émotion vraie que le groupe manifestait était la haine. Par leur vie de famille, ces personnes avaient appris à se comporter en tête à tête et en petit groupe, mais pas en grand groupe. Désemparés de se trouver sans les compétences nécessaires face à un grand nombre de personnes, démunis et désarmés, ils traduisaient cette frustration en haine, tant pour certains en particulier que pour le groupe en général. Arrivés à ce stade, le groupe se mit à parler de cette haine qui les rongeait. À la sortie de cette mise au point apparut un ensemble de conventions acceptées par tous et qu'ils s'engageaient à respecter afin que le groupe puisse vivre et être efficace. Après quelques années de ce travail en interne, ils réussirent à créer leur propre culture et leurs propres règles, au sein desquelles les membres se sentaient en mesure de collaborer harmonieusement. Ils avaient créé des conventions pour la saine conversation.

Un examen plus détaillé de leurs recherches montre que la première phase – la haine – était pleine de comportements stupides et égoïstes, tous disant des choses horribles sur les autres. Ils ne furent en mesure de sortir de cette phase que lorsqu'ils sortirent d'eux-mêmes et devinrent moins irrationnels. Ils purent alors consciemment créer cette nouvelle culture capable de les rendre libres de développer leur propre éthique commune.

Les chercheurs appelèrent cette dernière étape *koinonia*, et bien qu'ils savaient ce terme utilisé dans la Bible pour décrire les débuts de l'Église, ils ne savaient pas qu'il était aussi le nom donné à la première communauté monastique chrétienne. Leur groupe était passé de la haine au dialogue, et du dialogue à la création d'une culture explicite, en suivant le même processus que celui parcouru par Pacôme pour la création de sa première *koinônia*.

La communauté comme sanctuaire

Les cinq hommes de « The Monastery » sont passés en grande partie par ce processus durant leur séjour au monastère, tout particulièrement par les échanges qu'ils eurent entre eux, dont certains furent très houleux, et l'un même très proche des coups. Certains téléspectateurs nous ont dit qu'ils avaient trouvé ces scènes trop dans la lignée de «Big Brother»; ce à quoi j'ai répondu que Benoît connaissait tout des conflits violents qui pouvaient advenir dans une communauté, et ce, bien avant la télévision. Benoît a d'ailleurs écrit un chapitre spécialement centré sur le sujet, intitulé «Personne ne se permettra de frapper un frère à tort et à travers» (Règle de saint Benoît 70); et ce chapitre ne peut se trouver là que parce qu'il devait bien arriver que des moines se frappent les uns les autres dans un monastère! Et Benoît de juger indispensable d'en parler et de souligner que c'était une erreur.

Le travail nécessaire pour sortir de ces conflits illustre l'abîme qui sépare la tranquillité de la paix. Dans le chapitre sur la prière, nous avons constaté que la prière prise au sérieux conduit à une certaine tranquillité, mais qu'elle bascule rapidement dans une lutte pour la paix. Les exemples des anciens comme des modernes montrent ce même processus dans les relations humaines. Les gens doivent construire la paix dans leurs relations, et le faire en créant des relations fondées sur l'équité et le respect. Nous avons à exercer cette équité dans notre famille immédiate, dans notre communauté locale et au niveau mondial. Il ne peut, par exemple, y avoir de paix dans un quartier si la discrimination raciale y règne. On mesure à quel point la paix est établie et consolidée en nous à la manière dont on réagit à un traitement injuste qui nous est infligé par autrui. Il est nécessaire de répondre à un tel traitement, non seulement en toute justice, mais également avec commisération. Alors seulement on est un facteur de paix. Haïr nos ennemis ne construit pas la paix. Il faut résister à l'injustice, certes, mais travailler à la consolidation de la paix invite à ne pas haïr ceux qui commettent l'injustice. Ceci est extrêmement exigeant, mais beaucoup de figures religieuses du XXe siècle en sont d'excellents exemples. Mahatma Gandhi, Martin Luther King et leurs mouvements de résistance non violente sont parmi les plus manifestes. Cette tâche difficile de l'amour des ennemis requiert une profonde maturité spirituelle, impliquant une discipline de l'esprit qui se construit jour après jour. Pour Benoît, le fait de maugréer ou de murmurer sont les plus grands obstacles à une véritable communauté de vie. Il autorise les moines à faire remarquer ce qui ne va pas à qui de droit, comme on le voit dans le chapitre de la Règle sur la façon dont un frère devrait répondre lorsqu'on lui a demandé de faire l'impossible. Mais se plaindre légitimement n'est pas la même chose que maugréer, qui est une forme de haine et implique l'usage de mots destructeurs. «Avant tout, dit Benoît, voici ce que nous recommandons: que les moines ne murmurent jamais!» (Règle de Saint Benoît 40, 9). Le murmure est à l'opposé de la saine conversation. Il est la négation du vœu de *conversatio morum* et est donc interdit dans les termes les plus vigoureux. L'abbé est souvent exhorté à veiller à ne pas donner des raisons légitimes de se plaindre, car cela serait faire le lit des murmures. S'il faut en croire les légendes sur sa vie rapportées par Grégoire le Grand, Benoît connaissait de première main la puissance destructrice des murmures. On raconte qu'un groupe de moines le pria de devenir leur abbé. Ils avaient entendu parler de sa grande sainteté et ils lui demandaient de venir les rejoindre pour les conduire. Mais ils étaient des moines très laxistes et Benoît s'avéra beaucoup plus strict que ce qu'ils avaient imaginé. Ils décidèrent donc de se débarrasser de lui. Ils lui remirent un calice empoisonné pour qu'il en boive. Benoît, prenant le calice, le bénit. À ce moment même, le calice éclata, et le vin empoisonné se répandit sur le sol. Et c'est ainsi que Benoît eut la vie sauve.

Cette légende comprend deux éléments assez marquants : tout d'abord le fait que des moines si bien intentionnés au départ réussissent si peu à vivre en communauté qu'ils finissent par planifier un meurtre ; et ensuite le fait que Benoît soit sauvé de ce mal non pas par la malédiction, mais par la bénédiction. Dans le cadre de cette histoire de mauvais murmure et de sainte bénédiction, on peut voir l'attitude que Benoît préconise pour sa communauté. Benoît sait que ses moines ne seront pas toujours à la hauteur des défis de la vie communautaire, d'où le fait que l'abbé « doit haïr les fautes, mais aimer les frères » (Règle de saint Benoît 64, 11). Les obstacles doivent être surmontés aussi bien par l'amour que par la discipline.

Par leurs conflits, nos cinq hommes au monastère ont beaucoup appris sur la manière de faire vivre leur communauté. Gary apprit à être moins agressif, Anthoney à être moins sur la défensive, tous ont appris à être des artisans de paix. Canalisé, le conflit est un moment d'apprentissage pour ceux qui y sont impliqués ; mais il doit y avoir des garde-fous de manière à assurer le bien-être de tous, d'où l'importance du chapitre sur le fait de ne pas frapper les gens. La communauté forme et protège ses membres, les forme à la délicatesse et les protège des indélicatesses. En réponse à cette formation et à cette protection dont il est le bénéficiaire, chacun des membres forme et protège la communauté. Cette action mutuelle de formation et de protection est le moyen par lequel une communauté devient sanctuaire. La communauté n'est pas seulement un étai soutenant le sanctuaire. Elle peut en faire elle-même partie.

La communauté est en ce sens sacramentelle, c'est-à-dire que toutes les réalités tangibles de la communauté sont les moyens par lesquels la grâce cachée du Christ est donnée aux membres. Dieu nous donne, par l'intermédiaire de la communauté, la grâce de l'obéissance, de la retenue dans les paroles et de l'humilité. Benoît n'appelle pas ces trois qualités vertus, car il n'entendait les vertus que dans le sens classique : la force et la justice, la tempérance et la prudence. Dans le monde de Benoît, ces vertus sont comprises comme étant des habitudes qui peuvent être acquises par la pratique : une personne peut apprendre à être juste et prudente par l'éducation et la formation, et ces habitudes, une fois acquises, le sont pour la vie entière. En revanche, l'obéissance, le silence et l'humilité sont des qualités dont nous ne pouvons faire l'expérience qu'en persévérant fidèlement dans la vie communautaire. C'est ce pour quoi une communauté est faite : favoriser l'expérience de ces qualités par l'intermédiaire même des structures communautaires. Pour Benoît, dès que l'on quitte la communauté, ces qualités sont vouées à disparaître.

Rituel

L'un des moyens pour Benoît de mettre en place ces structures communautaires passe par le rituel. Rituel et symbole ont mauvaise presse de nos jours et sont souvent accompagnés du diminutif «simple», comme dans «ce n'est qu'un simple symbole» ou qu'«un simple rite». Ces réticences de notre société à l'égard de tout rite sont une entrave à la vie en communauté. Par exemple, un grand nombre d'adolescents n'ont jamais été astreints au repas familial. Ce rituel a disparu et la vie de famille s'en est trouvée affaiblie. Pour Benoît, un repas partagé, même dans le silence, est une part essentielle de la vie communautaire ; et dans les monastères, d'autres rituels accompagnent la table. Une bénédiction est ainsi donnée en présence de toute la communauté à ceux qui vont faire le service durant la semaine. Il leur est alors rappelé qu'«un tel service augmente la récompense et fait grandir l'amour» (Règle de saint Benoît 35, 2). En même temps, il leur est demandé de prendre leur repas avant la communauté : «Ainsi, au moment du repas, ils peuvent servir leurs frères sans murmurer et sans trop de fatigue» (Règle de saint Benoît 35, 13). Cette combinaison du symbolique et du pratique est typique de Benoît et montre combien la ritualisation du quotidien est à la fois possible et souhaitable : le symbolique élève le banal et le quotidien pour leur donner sens, sans rien enlever à la nécessité de bien s'en acquitter, au contraire. Il est donc fortement conseillé de développer des rituels autour de l'ordinaire si l'on veut renforcer la vie de la communauté.

Pour les joggeurs dont nous avons parlé, leur habitude de toujours revenir vers ceux qui sont à la traîne en dit long sur leur vision du club comme devant être une communauté inclusive, sans laissés-pour-compte. Avec un peu d'imagination, nous pouvons tous trouver des moyens de développer de tels rituels et ce, de façon originale. Des petits rituels peuvent transformer des événements ordinaires en moyens puissants, capables de transfigurer une communauté.

Dans la Règle, cela se voit particulièrement dans les gestes que Benoît préconise lorsqu'il s'agit de recevoir des hôtes. Quand les hôtes arrivent – et « un monastère n'est jamais sans eux » (Règle de saint Benoît 53, 16) –, les moines lavent leurs pieds, l'abbé prie avec eux, puis leur lit la Bible. Une cuisine est mise à leur disposition et un moine est désigné pour s'occuper de leur hébergement. Il est expressément indiqué d'éviter de maugréer en raison de ce surplus de travail, et des aides supplémentaires sont offertes en cas de besoin. Ces gestes résument une vie communautaire faite de prière et de service, dont le bénéficiaire est l'hôte, en qui « le Christ doit être adoré ». Cela vaut tout particulièrement pour les pauvres : « On reçoit les pauvres et les étrangers avec le plus grand soin et la plus grande attention. En effet, c'est surtout à travers eux qu'on reçoit le Christ. Les riches, on les craint, alors on les respecte toujours » (Règle de saint Benoît 53, 15).

Pourtant, à la fin du chapitre sur les hôtes, Benoît insiste sur le fait que tous ces régimes spéciaux ne devraient pas perturber la vie normale de la communauté. Il a soigneusement construit son monastère comme un sanctuaire de prière et de silence, il a tout arrangé pour que l'ordre y règne de sorte que les moines n'aient pas à se plaindre. Personne n'est admis comme novice sans une sérieuse mise à l'épreuve, mais lorsqu'il s'agit d'un visiteur, il doit être accueilli généreusement. Toute la vie monastique est conçue de telle manière que cela aille de soi, sans occasionner de perturbations. Benoît maintient ainsi un équilibre entre les besoins internes du sanctuaire et les pressions extérieures qui s'exercent sur lui. Il en est de même dans les familles. Le rituel entoure la réception d'un invité à un repas familial de cordialité et de chaleur, alors que sans rituel, on serait tenté de simplement le nourrir, ce qui n'est pas très accueillant et qui est source de tensions conjugales et familiales. La force interne d'un sanctuaire se révèle dans sa capacité à accueillir des hôtes sans que l'ensemble de la structure en soit ébranlé – un équilibre délicat. Cet équilibre nous enseigne que la vraie communauté favorise l'inclusion plutôt que l'exclusion.

Riches et pauvres

Benoît insiste sur le fait que les membres de sa communauté doivent non seulement s'aimer, mais également sortir d'eux-mêmes pour aimer les visiteurs, en particulier les pauvres, en qui le Christ est adoré. Dans le sanctuaire que nous construisons pour notre vie, nous devons créer un espace non seulement en fonction de nos propres besoins, mais aussi en fonction des besoins d'autrui, en particulier de ceux des plus pauvres. Cela semble un défi de taille pour tous ceux qui se considèrent déjà débordés et qui trouvent les nombreuses suggestions que j'ai faites trop exigeantes. Mais n'oubliez pas l'équilibre extrême de Benoît. Sans vouloir le copier, nous pouvons trouver une manière de l'exprimer qui nous soit propre. La tradition monastique insiste sur le fait que, alors même que nous donnons de la place à l'immobilité et à la prière, de nouvelles possibilités s'ouvrent à nous, l'une d'entre elles consistant à répondre plus généreusement aux besoins des autres. Nous avons en quelque sorte à autoriser les plus démunis à devenir membres de notre communauté, à leur réserver une place précieuse dans notre sanctuaire.

Cette exigence s'applique aussi bien à ceux qui sont dans le besoin à l'intérieur même de la maison qu'à ceux qui le sont au-dehors, mais le défi apporté par ces derniers est particulièrement redoutable. Le dilemme par lequel nous avons commencé ce livre est celui des consommateurs du monde développé cherchant un refuge à la culture consumériste. Pourtant, parallèlement, apparaît un problème tout aussi important : celui des pauvres dans le monde en voie de développement cherchant également un havre et un refuge. Ils cherchent un refuge non pas à la consommation mais à la pauvreté, et ils le font de plus en plus en émigrant vers les pays riches. Je fais référence ici non à ceux qui cherchent l'asile politique, mais à ceux qui migrent pour des raisons économiques, et qui sont attirés par nos richesses. Que ces migrants économiques puissent se réclamer de l'asile politique n'est pas la question ici. Pour nous, il s'agit de voir que les pauvres cherchent un sanctuaire économique à l'intérieur d'un système économique mondial qui les maintient dans un état d'occupation extrême, de « suroccupation ». L'expérience de certains de nos moines travaillant dans l'un des bidonvilles de Lima, au Pérou, m'a montré que les pauvres sont eux aussi trop occupés, même si dans leur cas, ils sont occupés à survivre plutôt qu'à consommer. Se lever tôt pour arpenter la ville en quête de travail, ou de quelques centimes, rechercher désespérément des médicaments pour ses enfants malades, et à la fin de la journée, passer une nuit agitée et sans sommeil – comment s'étonner de voir ces personnes essayer d'échapper à de telles situations ?

Le monde développé a réagi en érigeant des barrières toujours plus hautes pour empêcher l'immigration des pauvres, craignant qu'ils ne viennent perturber la cohésion économique et sociale de la société consommateurs/producteurs. Mais à moins que le système économique du monde n'évolue de manière à réduire la pauvreté dans le tiers-monde, la migration des populations pauvres ne peut qu'augmenter. Établir un sanctuaire incluant riches et pauvres est un défi à la fois personnel et social à l'échelle mondiale, l'un des grands défis auxquels est confrontée l'humanité en ce XXIe siècle.

Le sanctuaire que nous construisons doit embrasser les pauvres et les étrangers – un principe vital pour Benoît. Nous le construisons à la fois en travaillant à la création d'une communauté mondiale avec moins de pauvreté et en accueillant ces pauvres dans notre communauté locale.

Fenêtres

Ainsi, la communauté que nous envisageons peut être décrite comme les fenêtres de notre construction : elles nous protègent des éléments, mais nous permettent de voir d'autres personnes et de laisser entrer la lumière de leur présence. On peut voir leurs besoins et communiquer avec eux. On peut aussi ouvrir la porte du sanctuaire, la porte de notre cœur, et les inviter à entrer. Si notre sanctuaire n'avait pas ces fenêtres, il serait un endroit sombre et morose. Donc, comme tout bon architecte et tout bon maçon, il faut équilibrer solidité des murs et besoin en ouvertures. Les murs solides de l'obéissance ont besoin des fenêtres de la communauté pour faire de notre sanctuaire un lieu lumineux et accueillant.

Pour aller plus loin dans la communauté

– Sur Internet : www.laybenedictines.org est le site de la communauté laïque de saint Benoît, un groupe de laïcs vivant la Règle fondé en Grande-Bretagne mais comprenant des membres du monde entier.

www.thesoulgym.org offre un aperçu sur la création d'une éthique au travail.

– Livre : *Prayer and Community* («Prière et communauté»), par Columba Stewart, est un court ouvrage sur la vie bénédictine, écrit par un moine américain ayant une profonde compréhension de la tradition monastique.

7
Sixième étape : la spiritualité

> *« Éprouvez les esprits pour voir s'ils sont de Dieu. »*
> Première lettre de saint Jean,
> citée dans la Règle de saint Benoît 58

Le sanctuaire est maintenant presque achevé. Comme dans tout nouveau bâtiment, nous devons maintenant décider du mobilier et des agencements. Quels autres éléments devraient prendre place dans notre sanctuaire ? Qu'est-ce qui va parfaitement s'y intégrer ? Qu'est-ce qui ne serait pas dans le ton ? La plupart du temps, pour aménager sa maison, on se rend dans un grand magasin proposant un large choix de mobiliers à prix modéré. Le même type de produits existe sur le plan spirituel, sous la forme de la spiritualité ou du développement personnel.

Depuis les années 1960, un nombre croissant de personnes se sont tournées vers la spiritualité plutôt que vers la religion pour trouver un réconfort et un refuge au consumérisme. Mais alors que nous devons décider de ce qui serait à sa place ou non dans notre sanctuaire, nous devons examiner attentivement ces diverses offres spirituelles et choisir judicieusement.

Ce que les gens mettent derrière le mot « spiritualité » varie énormément d'un individu à l'autre. Quand quelqu'un dit qu'un tel est « être de spiritualité », cela peut signifier que celui-ci pratique la méditation ou les promenades en solitaire. Cela peut aussi signifier qu'il apprécie beaucoup l'art ou la musique. Mais surtout, cela signifie le plus souvent qu'il croit en la valeur infinie de l'amour humain. Pour un nombre croissant de personnes, affirmer ne serait-ce que cela est un immense pas. Ils veulent donner une expression à ce qui, dans la vie, se situe au-delà du mesurable et du quantifiable, estimant que s'ils le font, ils atteindront à un plus grand bien-être.

Cependant, ces aspirations spirituelles croissantes n'ont généralement pas de formes d'expression clairement définies, et beaucoup de gens cherchent des conseils sur la façon d'être véritablement dans la spiritualité. Ils disent savoir qu'il y a plus de quoi s'activer dans la vie que dans la consommation/production, mais ils ne savent pas où trouver ce «plus». Les réponses des téléspectateurs à l'émission illustrent cela, des milliers de personnes nous contactent pour nous dire à quel point le programme les a aidées, et demandent des orientations plus précises: «Je suis un médecin athée, mais votre programme télévisé m'a profondément touché» ou «Je me sens perdu et votre programme m'a donné un sens». Beaucoup ont décidé de venir pour une retraite à Worth et notre hôtellerie a été rapidement submergée de réservations pour des mois.

En Europe, la plupart des gens ne peuvent plus ou ne veulent plus se tourner vers la pratique fidèle d'une religion pour trouver «un plus sur le plan spirituel», et l'Amérique latine pourrait bientôt suivre ce chemin. Aussi, en examinant les nombreux mouvements de spiritualité offerts aujourd'hui, devons-nous comprendre pourquoi et comment les gens sont passés de la religion à la spiritualité. Pour ce faire, il est nécessaire de retracer l'histoire de la spiritualité dans la culture occidentale, en remontant à l'époque où religion et spiritualité étaient indissociables.

L'histoire de la spiritualité

Pour revenir aux origines chrétiennes, saint Paul considère la vie spirituelle comme équivalant à la vie habitée par l'Esprit de Dieu, et il montre le contraste entre la force d'une vie spirituelle, animée de l'Esprit de Dieu, et la faiblesse de la nature humaine. Les chrétiens ont l'esprit du Christ. Ils agissent spirituellement en ce sens qu'ils agissent conformément à l'esprit du Christ. Pour lui, cette spiritualité se traduit dans des actes d'amour et de générosité, alors que les querelles, l'avidité et l'égoïsme sont les signes d'une vie sortie de la vie spirituelle. Donc, pour l'Église primitive, vie spirituelle est synonyme de vie orientée à la fois vers Dieu et vers les autres, de vie pieuse et généreuse.

À partir du IIIe siècle, le sens donné à la spiritualité s'est infléchi. Plutôt que de considérer le spirituel comme touchant tous les aspects de la vie, les chrétiens ont mis l'accent sur la distinction entre le corps et l'âme. C'était une conception proche de la philosophie de Platon, pour qui l'âme représentait un niveau plus élevé de vie que le corps. Cette distinction âme/corps s'est profondément ancrée dans la mentalité européenne et persiste à ce jour, telle qu'on peut le voir dans l'expression «un amour ou une relation platonique». Du coup, non seulement l'âme a été déconnectée du corps, mais la spiritualité s'est trouvée déconnectée du corporel, et reléguée au domaine privé. Au Moyen Âge, cette distinction âme/corps dominait non seulement la vie privée mais aussi la vie publique. La distinction âme/corps s'est répandue et institutionnalisée, et tout aspect de la vie publique s'est trouvé partagé entre temporel et spirituel. Cela signifie qu'une partie du gouvernement était aux mains de l'Église (le spirituel) et l'autre, aux mains de l'État (le temporel).

Les réformateurs protestants des XVIe et XVIIe siècles estimèrent que l'Église exerçait un pouvoir qui était loin d'être spirituel. Ils la jugeaient mondaine et corrompue. Pour lutter contre cette corruption, ils ont invité les chrétiens à se concentrer sur le monde intérieur de la foi plutôt que sur les formes extérieures de la religion comme les sanctuaires, les pèlerinages, les indulgences. Parallèlement à cette réforme protestante, un vent de réforme a soufflé sur l'Église catholique elle-même, avec des mouvements promouvant la vie intérieure de l'âme. Au XVIe siècle, l'Espagne catholique connut des pionniers en ce domaine tels que Thérèse d'Avilà et Ignace de Loyola qui furent à l'origine d'une nouvelle vague de pratique religieuse intérieure, encore vivante à ce jour. L'héritage d'Ignace ne comprend pas seulement la Compagnie de Jésus (les jésuites), mais aussi une méthode de méditation intérieure appelée « Exercices spirituels ». Le mot « spirituel » doit être ici entendu comme se rapportant à ce qui est « intérieur et personnel ». Car Ignace, afin d'établir dans ces Exercices les lignes directrices de la croissance spirituelle, préféra se rattacher à la tradition des pères du désert tout en y mêlant les fruits de sa propre expérience religieuse, plutôt que de se référer aux observations extérieures de la religion conventionnelle. Aussi le fondateur de l'ordre des Jésuites fut-il l'un des premiers à employer le terme « spirituel » dans son sens moderne.

Bien sûr, les réformateurs, tant protestants que catholiques, ne pouvaient imaginer que leur mouvement allait être à l'origine d'un processus conduisant à la pratique moderne du « spirituel, et non pas religieux ». Ils en auraient même été horrifiés. Leur désir était avant tout de promouvoir la vraie religion – une religion du cœur plutôt que la religion de convention et de conformisme qu'ils voyaient autour d'eux. Leur objectif était de promouvoir la religion spirituelle. Aussi une séparation entre spirituel et religieux était-elle pour eux impensable. Alors, comment en sommes-nous venus à séparer les deux ?

C'est au début du XXe siècle que la spiritualité a acquis son sens actuel, comme un élément pouvant être séparé de la religion. Même si un tel changement s'est produit peu à peu, on peut néanmoins situer un moment charnière dans cette évolution. En 1902, le philosophe et psychologue américain William James publie *Les variétés de l'expérience religieuse* dans lequel il présente la religion d'une façon nouvelle, d'un point de vue psychologique et à partir de l'expérience intérieure du croyant. Dans son livre, il divise la religion en deux branches : « Je propose d'ignorer la branche institutionnelle entièrement... Religion, donc, comme je vous demande maintenant de le prendre arbitrairement, désigne pour nous les sentiments, les actes et les expériences individuelles des hommes dans leur solitude, dans la mesure où ils se voient eux-mêmes en rapport avec du divin, quel qu'il soit.» Ainsi donc, les expériences des individus pouvaient être une chose, la religion institutionnalisée une autre. Cette distinction capta l'attention, captiva l'imagination et devint la distinction formelle et commune pour une compréhension moderne de la religion. Les expériences personnelles ont alors été soumises à une analyse de plus en plus intense dans le cadre de la nouvelle science en plein développement, la psychologie, au point d'être tout à fait indépendantes, à la fin du XXe siècle, de toute religion.

Spiritualité, oui, religion, non

Ce mouvement distinguant religion et spiritualité a eu un certain nombre d'effets allant au-delà de la simple distinction sur le plan conceptuel. L'un des effets les plus marquants a été l'émergence d'une croyance dans la société occidentale, à savoir que la partie institutionnelle de la religion est facultative, que la véritable spiritualité ne se trouve que dans la sphère privée et que ce lieu intérieur est toujours plus ou moins le même, quels que soient la religion, la culture et le peuple.

Ce point de vue moderne se trouve illustré dans le travail du psychologue Abraham Maslow (célèbre pour la «pyramide de Maslow», sa théorie sur la hiérarchie des besoins). Dans les années 1970, Maslow mena des recherches psychologiques sur l'expérience des pics, qu'il décrit comme «les moments les plus heureux, les moments d'extase, les moments de ravissement». De cette recherche, il affirme: «Les expériences des pics apportent suffisamment d'évidence pour dire l'essentiel [...] à savoir que l'expérience religieuse fondamentale est totalement privée et personnelle et qu'elle ne peut guère être partagée. [...] En conséquence, tous les attirails de la religion organisée sont secondaires, périphériques, pour celui qui a expérimenté des pics [...] et sont même peut-être nuisibles. [...] Chaque personne a sa propre religion privée.»

Cette «expérience des pics» fait évidemment référence à ce qui était appelé par ailleurs l'«expérience mystique». Cette expérience est désormais considérée comme le cœur des religions du monde, commun à tous. En outre, cette expérience mystique est désormais vue à travers le prisme de la psychologie moderne. À cette expérience, on ajoute la règle d'or morale: «Faites aux autres ce que vous voudriez qu'ils fassent pour vous», règle propre à la plupart des religions, et l'on obtient une vraie spiritualité, valable pour tous et partout. Dans cette vision moderne de la spiritualité, on se retrouve finalement avec la définition suivante: la véritable spiritualité est le bien-être psychologique associé à la règle d'or sur le plan moral. Toute doctrine, tout rituel et toute vie commune ne sont que des extras.

Permettez-moi de dire ici que la psychologie est une science qui a sa légitimité et que je soutiens la règle d'or. Donc, à bien des égards, je n'ai rien contre la spiritualité prise au sens moderne du mot. Elle est une nouvelle manière de regarder la vie, différente d'une vision religieuse. Elle traite de nombreux aspects de l'existence qui n'étaient précédemment traités que par la religion. Mais lorsqu'on regarde plus avant ce que propose cette spiritualité moderne, on y trouve un éventail étonnant de possibilités mystiques, combiné à la gamme complète de nouvelles pratiques du *New Age* telles que le tarot, la boule de cristal et le feng shui. Et ce qui frappe ici, c'est l'accent mis sur la guérison, à la fois physique et psychique. Si l'on va par exemple sur le magazine en ligne du site Internet *Pilgrims Mind Body Spirit*, on trouve des articles intitulés « Il y a une vie après la dépression », « Améliorer son estime de soi » ou « Guérison et méditation »… Certes, personne ne peut nier la valeur des objectifs décrits dans ces titres, et ces pages ne manquent pas de bons conseils – l'article sur l'estime de soi, par exemple, traite de la manière d'entretenir de bonnes pensées sur soi-même, ce qui est utile –, mais les grandes religions du monde offrent une vision plus globale permettant de révéler des aspects cachés de la nature humaine tout en révélant le divin qui est au-delà de toute expérience personnelle. Pour reprendre l'exemple de l'estime de soi, la religion ajouterait l'amour de Dieu comme source vitale de l'estime de soi, et l'humilité comme source d'une vraie connaissance de soi. En fait, dans le cadre d'un contexte plus large donné par la religion, les personnes auraient une meilleure chance de discerner la nature réelle de leurs besoins, bien au-delà des appels puissants et pressants des désirs immédiats.

Alors qu'est-ce que la religion ?

Communément, on oppose la « spiritualité » et la « religion organisée ». Mais comme je ne pense pas qu'en s'exprimant ainsi, on veuille vraiment dire que toute forme d'organisation invalide ou empêche d'emblée toute spiritualité, je préfère parler de « religion classique » lorsqu'il est question des traditions religieuses les plus communes du monde.

La façon la plus simple de comprendre une religion classique est de commencer par une réflexion sur les désirs humains. Chacun peut, d'après sa propre expérience, se rendre compte que le cœur humain est toujours fixé sur quelque chose, que chacun de nous est voué à quelque chose. Il existe toujours un ou des sanctuaires où l'on rend un culte. Mais le désir ne se porte généralement pas sur un seul objet. Nous adorons plusieurs dieux. Nos cœurs sont tournés vers de nombreuses directions, parfois même dans des directions contradictoires. Vu sous cet angle, on peut dire que tout le monde est religieux. Tous les êtres humains adorent spontanément, qu'ils le reconnaissent ou non, mais le plus souvent, et de manière immédiate, des idoles, des dieux qu'ils prennent pour Dieu. Cela se voit dans des phrases comme : « L'argent est son dieu » ou « Les fans viennent baiser le sol où la star est passée ». Ces objets de désir sont donc des idoles, et le dieu vers lequel le cœur de l'homme penche le plus naturellement, c'est le « moi ». Comme quelqu'un l'a dit un jour d'un riche chef d'entreprise : « Il s'est fait lui-même et il adore son créateur... » Cette description pleine d'humour pourrait correspondre à la plupart d'entre nous, et pas seulement aux riches entrepreneurs.

Si en ce sens, tout le monde est religieux, tout le monde en revanche n'est pas spirituel, au sens où l'entendait saint Paul et que nous avons décrit au début, c'est-à-dire que tout le monde n'a pas pris conscience de son idolâtrie. Dans ce cas, la dévotion est plus égocentrique qu'enracinée dans l'Esprit de Dieu. Certains mouvements de spiritualité moderne renforcent même cette tendance égocentrique plutôt qu'ils ne la combattent. Le monde intérieur est intronisé comme Dieu. Tout désir est primordial. Chacun est responsable de ses propres progrès spirituels et décide de quelle manière les poursuivre. La vérité est personnelle.

La dynamique de la religion classique est inverse. Elle demande que l'on soit libéré de l'idolâtrie des personnes, des objets et des techniques. Elle consiste à délivrer des sables mouvants du désir humain. Dans la religion classique, on ne fait pas son marché en fonction de ce qui plaît ou non, on entre dans une façon de vivre. La religion offre un processus éducatif qui aide à porter un autre regard sur la vie dans son ensemble. C'est effectivement ce qui est arrivé à Tony dans le dernier épisode de « The Monastery ». Il a pu recadrer, recentrer sa vie, et se détourner de ses propres désirs. Il est arrivé non seulement à la foi mais à l'obéissance à Dieu. Il sait maintenant qu'il veut non seulement prier, mais qu'il se sent aussi dans l'obligation de prier.

La foi chrétienne nous invite à entreprendre ce processus éducatif pas seulement en nous persuadant qu'il faut croire en l'existence de Dieu. Comme le dit saint Jacques dans son épître, croire qu'il y a un seul Dieu, cela même les démons le croient. La foi nous invite à aller plus loin, à dire : « Je crois en Dieu. » Par l'ajout de la préposition « en », la foi chrétienne nous invite à faire de Dieu l'objet de notre désir et de notre culte. Le même accent se trouve dans l'islam et le judaïsme. Ces trois religions partagent toutes le même premier commandement : « Je suis le Seigneur ton Dieu, vous n'aurez pas de faux dieux devant moi. » Et à leur manière, les religions de l'Asie invitent aussi à reconnaître les désirs comme indignes et à se tourner vers un horizon plus large, vers la divinité. Le problème est que la société moderne est tellement infatuée d'elle-même, tellement arrogante et prétentieuse, tellement sûre de sa valeur qu'elle est incapable de reconnaître ses faux dieux et de regarder plus loin qu'elle-même. La société moderne dit d'elle-même au reste du monde : « Nous nous sommes faits nous-mêmes, et nous adorons notre créateur. »

La religion classique est tout simplement une réalité plus vaste et plus riche que celle offerte par de nombreux mouvements spirituels tels que celui préconisé par Maslow. Par exemple, la notion de pic ou de ravissement n'est qu'une notion périphérique de la religion classique alors que Maslow la place au centre de sa nouvelle religion. Or l'idée que la véritable spiritualité serait du domaine privé est un rétrécissement par rapport à la vision classique selon laquelle la religion est une aventure commune vécue via des rituels et des relations humaines, ainsi que l'a décrite le chapitre sur la communauté (« Cinquième étape »). Enfin, toute religion classique véhicule un corpus de doctrines spécifiques sur Dieu ou les dieux alors que l'approche moderne dédaigne toute doctrine et se contente, comme le dit William James, « du divin, quel qu'il soit ». Ce point de vue dénie toute capacité à une doctrine religieuse d'élargir les cœurs et les esprits, de conduire les hommes dans des domaines qu'ils n'ont jamais expérimentés ou pris en considération, de sauver les hommes de l'étroitesse de leur vie privée.

La « spiritualité achat »

En se concentrant sur le monde intérieur et en faisant de la spiritualité le tout de ce monde intérieur, les mouvements de spiritualité moderne ont été accusés d'anesthésier la conscience de notre société sur les questions de justice économique, de droits politiques et d'inégalités sociales. Après les bouleversements politiques des années 1960, les gens se sont tournés vers eux-mêmes et ont pensé que leur perfectionnement psychique serait la clé de leur bien-être futur. Karl Marx avait lancé son fameux : « La religion est l'opium du peuple. » Pourtant, récemment, deux critiques marxistes contemporains, Jeremy Carrette et Richard King, ont adapté le célèbre slogan de Marx en disant que, de nos jours, c'est plutôt la spiritualité qui est l'opium du peuple. Ils ont apporté une nouvelle réflexion sur la fonction de la religion dans la société qui serait dépositaire « des plus riches exemples que nous ayons de l'effort collectif de l'humanité pour donner sens à la vie ». Pour eux, la spiritualité moderne est accommodante et à courte vue, la religion au contraire est stimulante et prophétique.

Pourtant, la spiritualité moderne classique ressemble en bien des points à la religion. Elle prend des éléments classiques de la religion en les transposant dans un nouveau contexte. On en trouve un exemple dans la série d'ouvrages du Barefoot Doctor, et notamment sur la couverture du titre *Liberation*[5] (2002), dont la présentation parle d'elle-même : « Comme toujours, le Barefoot Doctor offre l'ordonnance complète suivante : les méthodes de guérison taoïstes, avec une pincée d'hindouisme, de bouddhisme, de chamanisme, d'humanisme, plus une large poignée de bon sens universel... Le parfait antidote à la dépression, au dénuement, à la peur, à la solitude, au deuil, aux rancœurs... » Cette série de livres vise à répondre à tous vos besoins en matière de développement personnel à partir de ressources tirées de nombreuses religions (à l'exception notable du christianisme !). Ces éléments ne sont plus perçus comme un tremplin vers le Dieu qui peut nous libérer de l'idolâtrie. Bien au contraire, ils sont devenus commercialisables, prêts à répondre au moindre besoin du consommateur.

Cette tendance à prendre des éléments religieux pour les réutiliser à des fins mercantiles a été bien illustrée par une émission de télévision intitulée « La spiritualité achat ». Le programme se présentait comme un véritable supermarché spirituel, avec des allées fictives étiquetées « bouddhisme », « christianisme », « judaïsme », etc. Il s'agissait vraiment d'une spiritualité à la carte. Une jeune femme de vingt-neuf ans, travaillant dans la publicité,

---

5 Disponible en français aux éditions Marabout sous le titre Libérez-vous !

s'est vue présenter un éventail d'activités spirituelles. Elle avait à choisir entre la méditation bouddhiste, un repas de shabbat et quelques exercices de carême. Son choix se porta finalement sur les danses des derviches tourneurs. Mais le titre même de l'émission révélait le problème de cette approche : faire du shopping parmi les religions, c'est faire entrer la religion dans l'idéologie consumériste.

La « spiritualité achat » prend dans les religions ce qui est plaisant et source de bien-être pour en faire un « chemin » spirituel qu'elle présente comme antidote aux activités des consommateurs/producteurs, aux côtés des vacances et des loisirs. Donc, assez étonnamment, notre promenade dans la spiritualité moderne nous ramène au tout début de ce livre. Au lieu de libérer nos épaules de toute corvée, la spiritualité moderne nous les charge encore plus.

On ne peut nier cependant que la spiritualité moderne conduise les gens à en apprendre davantage sur les religions du monde. Plus et mieux apprendre à leur sujet ne peut qu'être bénéfique, cela donne une vision plus large du sens de la vie. Mais vient le moment où intervient le choix entre une religion spécifique dans son ensemble ou pas de religion du tout. Construire sa propre spiritualité peut faire partie de cet apprentissage, mais alors on n'affronte pas de front la question des désirs désordonnés et rebelles du cœur. Seule l'obéissance à Dieu peut le faire. L'homme religieux ne peut échapper à la nécessité d'un engagement fort à un moment donné, sinon il reste au niveau du consommateur de religieux. C'est ce danger que j'ai mis en avant dans mes discussions avec Nick et les autres dans « The Monastery ». Nick est de culture anglicane avec un fort penchant vers le bouddhisme. Mais de son propre aveu, il était assis entre deux chaises, sans pouvoir choisir vraiment entre l'anglicanisme et le bouddhisme. Son expérience à Worth et la retraite d'un mois qu'il suivit ensuite avec les chartreux l'ont aidé à approfondir sa foi chrétienne.

Le meilleur de la spiritualité moderne

Benoît nous offre un élément pertinent dans notre recherche de la meilleure spiritualité avec laquelle habiller notre sanctuaire. Dans le premier chapitre de la Règle, « Les différentes sortes de moines », Benoît montre clairement que tous les moines ne sont pas d'égal mérite. Il existe même des moines « détestables », ceux qui refusent toute règle. « Aucune règle n'a éprouvé ces gens-là comme l'or dans le feu. Et pourtant, quand nous pratiquons une règle, l'expérience nous instruit. Aussi sont-ils mous comme du plomb. Par leurs actions, ils montrent qu'ils sont encore attachés au monde » (Règle de saint Benoît 1, 6-7a). Et Benoît de continuer : « Faire ce qui leur plaît, voilà leur loi. Toutes les pensées qu'ils ont, toutes les décisions qu'ils prennent, ils les disent saintes. Mais pour les choses qu'ils ne veulent pas faire, ils pensent : "Nous n'avons pas le droit de les faire" » (Règle de saint Benoît 1, 8a-9). Beaucoup de gens qui se disent « spirituels » correspondent à cette description qui est en fait véritablement une ferme condamnation de la « spiritualité achat ». Pour Benoît, l'acheteur de spiritualité passe à côté du cœur d'une vie spirituelle véritable. Il conclut d'ailleurs ce premier chapitre ainsi : « Laissons donc ces moines de côté et, avec l'aide du Seigneur, organisons la famille très forte des cénobites » (Règle de saint Benoît 1, 12-13). Pour lui, les moines de complexion robuste sont ceux qui optent pour un chemin unique et stable.

Il existe des parallèles entre la manière dont la spiritualité s'égarait du temps de Benoît et la façon dont elle s'égare aujourd'hui. La spiritualité erre quand elle se contemple et ne se réfère qu'à elle-même, prenant comme point de référence tout ce qui passe par la tête. De tels aménagements n'ont pas leur place dans le sanctuaire que nous avons édifié. Pourtant, les nombreux aspects de la spiritualité moderne que j'ai soulignés peuvent prendre une tournure positive lorsqu'ils se produisent dans un cadre communautaire régi par l'obéissance. Dans le cadre de la vie religieuse aujourd'hui, dans le cadre d'un engagement religieux classique, ils ont beaucoup à offrir. Car si les désirs du cœur humain sont inconstants et s'égarent, une fois purifiés par la discipline classique de la religion, ils deviennent la voix de Dieu parlant en nous. Je vais aborder cela plus loin dans un contexte catholique, puisque je le suis moi-même, mais bien d'autres Églises chrétiennes diraient la même chose.

Il y a beaucoup à apprendre de la spiritualité contemporaine. Bien qu'étant souvent l'objet de résistances de la part de l'Église dans un premier temps, de nombreuses idées ont finalement été prises en considération. La mise en question de la religion classique tout au long de l'ère moderne a poussé à développer de nouvelles façons d'être religieux. Au mieux, la religion classique est désormais plus humble, ouverte au dialogue et prête à évoluer.

L'Église catholique n'a pas d'autorité plus haute pour proclamer la foi qu'un concile appelé par le pape, au cours duquel celui-ci et tous les évêques se réunissent. La dernière fois que cela s'est produit fut dans les années 1960, avec le concile Vatican II. Ce concile a publié une déclaration au sujet de ce que Dieu révèle, et a déclaré : « Dieu a révélé l'humanité à elle-même. » Cette déclaration toute simple signifie que la foi chrétienne propose une manière d'être homme, pleinement homme, ce qui suppose que tous les aspects et tous les moments de la vie sont touchés et pas seulement ceux de pure exaltation ou de présence à l'église. Beaucoup de sciences modernes sont d'une inestimable valeur pour dévoiler la nature de notre humanité, mais elles ne permettent pas de voir l'interpénétration de toutes les composantes de la vie ni ne proposent une vision convergente. L'unité et le sens de la vie sont des qualités divines données par Dieu – qualités que les gens cherchent de plus en plus dans l'expérience individuelle offerte par la spiritualité moderne.

Toute expérience humaine est désormais comprise par l'Église comme un matériau pour la spiritualité catholique : mes relations et mon travail, mes espoirs et mes craintes, mes hauts et mes bas. À partir de là, s'est fait jour une plus grande prise de conscience des effets de mon contexte social et de mon histoire sur ma spiritualité : si j'ai eu un père abusif, dire la prière du « Notre Père » est une vraie difficulté et j'ai besoin d'un chemin particulier pour vivre une véritable filiation ; si je suis une personne handicapée, j'aurai une sensibilité autre que si je ne le suis pas. Abigail Witchalls, par exemple, la jeune mère catholique de vingt-six ans paralysée après avoir été poignardée par un inconnu près de chez elle en présence de son fils de deux ans, transmettra le haïku suivant à son père quelques semaines après son agression :

> Le corps est immobile et muet
> Mais en moi mon esprit chante
> Dansant dans l'amour-lumière.

Une telle profondeur et une telle beauté, issues de l'expérience des propres membres de l'Église, forment une partie de plus en plus riche de la vie de l'Église catholique.

La modernité met l'accent également sur l'individu. Dans l'Église, cela a conduit à se rendre compte de la grande diversité des moyens par lesquels Dieu vient à nous. Il n'existe pas une seule façon de prier et pas un seul chemin de croissance. L'Évangile reste le même pour tous, mais on reconnaît les différents chemins qui en découlent. Enfants, peuples autochtones, pauvres, tous sont désormais en mesure d'exprimer leur foi chrétienne de diverses manières. J'ai eu le privilège de présider la messe pour des enfants ici, en Angleterre, et la messe pour les habitants des bidonvilles les plus pauvres de Lima. Dans le même cadre, celui d'une messe, chaque individu peut exprimer sa spécificité : la prière d'intercession toute simple d'un enfant trouve son expression, tout comme le cri angoissé du pauvre homme déversant de la terre au pied de l'autel en disant qu'elle contenait le sang, la sueur et les larmes de son peuple. De telles expressions, venant de la voix même de chacun des participants, relèvent du culte véritable.

Conclusion

Donc, après avoir trouvé les meubles adéquats, notre sanctuaire est maintenant terminé. Mais nous devons affronter une dernière vérité : nous trouver à l'intérieur de ce merveilleux sanctuaire ne nous protégera pas de la mort. La mort est inéluctable. Plutôt que d'affronter cette réalité, la modernité la fuit. Elle veut la retarder le plus possible, cherche à la contrôler, car la mort semble confirmer que la vie est sans espoir. Notre dernière étape consiste donc à nous demander si la vie – même une vie passée dans le sanctuaire – est une vie sans espoir.

Pour aller plus loin dans la spiritualité

– Sur Internet : le site www.anamchara.com dresse la liste des livres et des sites présentant tous les aspects du mysticisme chrétien.

– Livre : *The Cloister Walk* (« Marcher dans le cloître »), de Kathleen Norris, est le récit de dix-huit mois passés avec des moines bénédictins qui ont remodelé sa spiritualité.

8
Septième étape : l'espérance

> *« Mais, à mesure qu'on avance dans la vie religieuse
> et dans la foi, le cœur devient plus large. Et l'on se met à
> courir sur le chemin des commandements de Dieu,
> le cœur rempli d'un amour si doux
> qu'il n'y a pas de mots pour le dire. »*
> RÈGLE DE SAINT BENOÎT, *PROLOGUE*, 49

Sur le bien mourir

J'ai eu le privilège de voir nombre de mes frères mourir dans la vie monastique. Après une vie bien remplie, ils ont accepté la mort sereinement. Parfois, l'inconfort, la fatigue ou la douleur ont rendu leur fin de vie difficile, mais sans pour autant porter atteinte à leur volonté d'accepter la mort à son heure. La capacité de bien mourir est sérieusement sous-estimée dans la société occidentale. En ayant côtoyé des agonies de près, je pense qu'être témoin d'un bien mourir est l'un des événements qui peut être des plus encourageants pour nous-même. Oui, il est triste de perdre un frère, et nous pleurons sa perte à juste titre, mais de par sa manière de bien mourir il nous laisse un bien inestimable.

La société occidentale a sorti la mort du monde de la famille pour la transférer dans celui de la médecine. Cela a considérablement réduit les souffrances de la personne mourante, mais a laissé aux vivants un minimum de contact avec le processus de la mort. Maintenant, ce sont les rituels d'après la mort qui sont touchés. C'est ainsi que les rites funéraires sont souvent brefs, impersonnels, se passent de plus en plus au crématorium, et que nombre d'adultes pensent que les enfants ne devraient pas être présents à des funérailles. La pratique d'un temps marqué par le deuil a disparu chez la plupart. Le deuil est considéré par beaucoup comme trop sombre. Il s'agirait d'une coutume hypocrite et désuète. Les victoriens exhibaient la mort et cachaient le sexe; c'est l'inverse qui se passe de nos jours.

La mort est intrinsèquement effrayante, mais la marginalisation de la mort ajoute à cette peur. Benoît veut au contraire que le monastère soit un lieu où la mort n'est pas marginalisée, et il dit à ses moines : « Chaque jour, avoir la mort devant tes yeux » (Règle de saint Benoît 4, 47). On peut y voir là une préoccupation morbide, mais il n'en est rien. Si Benoît veut que ses moines se rappellent leur condition mortelle, c'est pour qu'ils puissent vivre avec un sens de l'urgence et de la bonté de la vie dès à présent. Dans le Prologue de la Règle, Benoît exhorte ses moines ainsi : « Courez pendant que vous avez la lumière de la vie. Alors la nuit de la mort ne vous surprendra pas » (Règle de saint Benoît, Prologue, 13). La pensée de la mort ajoute un sentiment d'immédiateté à la vie elle-même. Nous devons courir parce que la vie est courte. Benoît voit également une continuité entre la vie et la mort en ce que l'objectif du monastère étant de favoriser une sensibilisation constante à la présence de Dieu, ce qui est difficile dans la vie deviendra définitivement acquis avec la mort qui nous donnera la chance de connaître la présence de Dieu en permanence dans le ciel. « Chaque jour, dans le monastère, jusqu'à la mort, nous continuerons à faire ce qu'il [Dieu] nous enseigne. Alors, par la patience, nous participerons aux souffrances du Christ et nous mériterons ainsi d'être avec lui dans son Royaume » (Règle de saint Benoît, Prologue, 50). La vie monastique exige un dépouillement de tout ce qui n'est pas essentiel afin de nous permettre de vivre constamment de manière pleinement consciente en présence de Dieu. La mort n'est alors que l'ultime dépouillement permettant la rencontre définitive avec Dieu.

Je voudrais illustrer cela par le récit de la remarquable histoire des sept moines, connus sous le nom des martyrs de l'Atlas, morts ensemble en 1996. Leur histoire croise non seulement la question de la spiritualité de la mort, mais aussi celle du terrorisme, à l'origine de leur mort. Leur histoire est un signe d'espérance dans un monde qui désespère face à la mort et au terrorisme.

L'abbaye de Notre-Dame de l'Atlas se trouve dans le petit village de Tibhirine, à environ quatre-vingt-dix kilomètres au sud d'Alger. En 1937, une communauté de moines trappistes français s'installe dans un domaine agricole qui devient abbaye. Au début des années 1990, cette communauté s'est trouvée prise dans un cycle infernal de guerre civile entre le gouvernement militaire et le GIA, un groupe armé qui voulait mettre fin à toute influence occidentale dans l'État islamique qu'il espérait établir.

En 1993, le GIA lance un ultimatum par lequel tous les étrangers devaient avoir quitté le pays au 1er décembre sous peine de mort.

Il n'y avait plus que quelques chrétiens en Algérie, dont ces moines qui choisirent volontairement de rester. Ils le firent par amour pour l'Algérie et surtout par amour pour leurs voisins musulmans, avec lesquels ils entretenaient d'excellentes relations. Les villageois étaient eux aussi harcelés et terrorisés et trouvaient dans la présence des moines un réconfort. En l'absence de mosquée, les villageois avaient l'usage d'une pièce dans le monastère pour la prière. Les moines avaient aussi créé une coopérative avec quelques habitants. Ils cultivaient ensemble un potager dont ils vendaient les produits au marché.

La veille de Noël 1993 un groupe armé du GIA pénétra dans le monastère. Leur chef exigea que les moines et le prieur, le père Christian, vinssent aider le GIA, se compromettant ainsi eux-mêmes. Le père Christian refusa ses exigences et le chef lui dit : « Vous n'avez pas le choix. » Ce à quoi le père Christian répondit : « Si, j'ai le choix. » Le père Christian savait fort bien que cet homme était réputé pour sa cruauté et qu'il avait tué peu de temps auparavant quatorze ouvriers croates qui vivaient à proximité. Le père Christian l'informa que la présence d'armes dans le monastère n'était pas autorisée et que l'arrivée de son groupe armé avait dérangé les moines qui se préparaient à fêter la naissance du Prince de la paix. Fait surprenant, le chef s'excusa et se retira avec ses hommes armés, mais non sans avoir prévenu qu'ils reviendraient.

Les moines savaient qu'ils étaient désormais en danger de mort, à la merci de ces bandits armés. Après avoir décidé que trois d'entre eux devaient partir, les neuf autres restèrent. Ces derniers étaient désormais aux prises avec une peur constante et c'est à ce moment que le père Christian écrivit une lettre ou un testament à n'ouvrir qu'en cas de décès. Tout au long des années 1994 et 1995, plusieurs membres de congrégations religieuses catholiques furent assassinés par le GIA, mais les moines continuèrent leur vie monastique. Au cours de ces deux années, la vie des moines fut caractérisée par un approfondissement du sens de la communion, la *koinonia*. Il y avait inévitablement des tensions entre eux, mais ils restaient fixés sur leur objectif d'édifier la communion : communion les uns avec les autres, communion avec Dieu et communion avec leurs voisins musulmans. Dans un mot adressé au père Christian, un des moines décrivit ainsi leur tâche : « Que, dans nos rapports quotidiens, nous soyons ouvertement du côté de l'amour, du pardon et de la communion, contre la haine, la vengeance et la violence. » En ayant la mort quotidiennement sous leurs yeux, leur vie fut habitée par une nouvelle énergie d'amour. Ils étaient vraiment en train de courir durant ce temps où ils pouvaient bénéficier de la lumière de la vie, sachant que chaque jour l'obscurité de la mort pouvait les rejoindre.

Puis, une nuit de mars 1996, des hommes armés sont arrivés et ont enlevé le père Christian et six autres moines. Un mois plus tard, un ultimatum fut lancé au gouvernement algérien : libérez tous les prisonniers du GIA ou les moines seront égorgés. En mai, cette menace fut mise à exécution et les sept martyrs de l'Atlas rejoignirent le nombre croissant de chrétiens ayant donné leur vie par amour pour leurs voisins musulmans.

Le testament du père Christian fut alors ouvert, il commençait par les mots suivants :

> *Quand un À-Dieu s'envisage...*
> *S'il m'arrivait un jour – et ça pourrait être aujourd'hui – d'être victime du terrorisme qui semble vouloir englober maintenant tous les étrangers vivant en Algérie, j'aimerais que ma communauté, mon Église, ma famille, se souviennent que ma vie était donnée à Dieu et à ce pays.*

Le père Christian en est venu à voir sa mort comme un moment de don, moment qui exige une grande conscience et une grande pureté de cœur, deux qualités que la vie monastique avait fortifiées en lui à un degré remarquable. Cette pureté du cœur est même étendue à son assassin futur, à qui il dit à la fin de la lettre :

> *Et toi aussi, l'ami de la dernière minute, qui n'auras pas su ce que tu faisais. Oui, pour toi aussi je le veux ce merci, et cet «À-Dieu» envisagé de toi. Et qu'il nous soit donné de nous retrouver, larrons heureux, en paradis, s'il plaît à Dieu, notre Père à tous deux.*
> *Amen! Inch Allah!*

Pour le père Christian, la mort était l'heure suprême de l'amour.

Son exemple et celui des autres moines nous apportent l'espérance, face non seulement à la mort mais également au plus effrayant de tous ses développements modernes, le terrorisme. Ils ont été soutenus par leur foi dans le Christ ressuscité qui vainc la mort, et cette foi porta leur communion à un degré d'incandescence. Le contraste avec l'attitude contemporaine en ce qui concerne la mort ne saurait être plus marqué. Pour la personne moderne si occupée et absorbée par ses activités, la mort est définitive, sans espoir, négation de tout ce qui remplit la vie. Pour les martyrs de l'Atlas, la mort est l'ultime expression de la foi, de l'espérance et de l'amour qui remplit la vie.

Alors examinons maintenant les implications de cette histoire en ce qui concerne notre sanctuaire. Ce que les martyrs de l'Atlas apportent au sanctuaire, et qui vient en droite ligne de la tradition monastique, est la nécessité de construire un autel. L'autel est un lieu pour faire des offrandes à Dieu, et même pour offrir la vie elle-même à Dieu. En retour, Dieu bénit celui qui fait l'offrande, et ce processus réciproque est appelé sacrifice. Le mot «sacrifier» vient du latin *sacrum facere*, «rendre saint». Aussi, alors que vous offrez votre vie sur l'autel, Dieu vous bénit-il et vous rend-il saint. Au cours de ces deux années d'attente de leur mort, les moines s'offrirent eux-mêmes chaque jour dans une communion mutuelle; en retour, Dieu les bénit, les sanctifia, et les rendit prêts à mourir en martyrs.

On peut dire que lorsque quelqu'un établit un sanctuaire, il y établit forcément aussi un autel de sacrifice, même si c'est à un niveau moins dramatique. Aucun d'entre nous ne vit pour lui-même, aucun ne meurt pour lui-même. Trouver le sanctuaire, c'est aussi savoir ce que Dieu demande de nous. Il s'agit de demander la bénédiction de Dieu et de vivre la vocation qu'il donne en retour, une vocation à aimer les autres d'une manière qui est propre à chacun de nous.

Donc, au cœur du sanctuaire, nous construisons un autel dans le but de donner et de recevoir le sacrifice de l'amour, qui est au cœur de toute vraie religion.

Au début de notre recherche du sanctuaire, j'ai salué en particulier ceux dont l'attitude face à la religion est de l'ordre d'un : « Je ne sais pas. » J'espère que ce livre est une aide dans la construction de votre sanctuaire, mais cela ne vous surprendra pas que moi, un moine, considère la religion comme devant être une partie essentielle et vitale de ce sanctuaire. Aussi voudrais-je conclure en dissipant certaines présentations modernes de la religion fort erronées et en affirmant le rôle vital que la religion jouera au XXIe siècle, non seulement le rôle de certains éléments religieux, mais le rôle de la religion en tant que telle.

L'histoire des martyrs de l'Atlas est en soi un témoignage d'espérance, mais je voudrais examiner plus largement certaines des questions qu'elle soulève au sujet du rôle de la religion comme source d'espérance.

La religion favorise la paix

Ce titre est volontairement provocateur parce que ce que nous entendons le plus souvent est exactement l'inverse, à savoir que la religion est cause de guerre. Dans l'histoire des martyrs de l'Atlas, la religion est à la fois facteur de guerre, de la part des terroristes, et de paix, de la part des moines. Comme toute réalité humaine, la religion peut être manipulée, mais je suis convaincu que la religion a un rôle vital à jouer dans la promotion de la paix. Beaucoup de lecteurs trouveront cette dernière phrase difficile à croire, aussi, une fois de plus, tournons-nous vers une étude moderne pour éclairer cette question difficile.

En février 2004, la BBC a diffusé un programme de télévision intitulé « Ce que le monde pense de Dieu ». Dans le cadre de leur enquête préliminaire, les réalisateurs avaient commandé au département des études sur la paix de l'université de Bradford une étude des guerres au long des cent dernières années, en regardant plus particulièrement la place et le rôle de la religion dans ces guerres. En remontant tout d'abord loin dans l'Histoire, ils cherchèrent à définir les mécanismes par lesquels la religion était venue à provoquer des guerres et en trouvèrent plusieurs. Parmi ces facteurs fonctionnant comme des leviers, on pouvait trouver une promesse du salut pour les personnes luttant contre les infidèles, le désir chez les chefs religieux de s'emparer des lieux saints (l'un et l'autre facteurs clés des croisades médiévales), ou encore le désir de convertir les ennemis, comme dans les guerres de religion au temps de la Réforme.

Les chercheurs ont ensuite analysé les trente-deux guerres du XXᵉ siècle. Leurs conclusions furent que seules trois d'entre elles comportaient un important élément religieux. Ils classèrent les guerres israélo-arabes, par exemple, parmi les guerres de nationalisme et de libération du territoire (cela est aussi vrai des guerres et conflits en Irlande). Ils notèrent que la campagne actuelle menée par des groupes terroristes arabes était en grande partie d'ordre politique, en particulier la question de la présence d'étrangers dans les pays arabes. Ces groupes usent du langage religieux, mais l'utilisation de ce langage pour justifier le terrorisme est désavouée par les principaux dirigeants religieux.

En fait, les leaders politiques utilisent les différences confessionnelles pour assurer un soutien politique à leurs guerres, et c'est surtout de cette manière que la religion devient un facteur de guerre. En outre, les principales guerres du siècle (les deux guerres mondiales, la guerre civile en Russie conduisant au régime stalinien, la guerre civile chinoise menant au régime maoïste) ont représenté à elles seules 75 % de toutes les victimes des guerres du XXᵉ siècle, ayant tué cent cinquante millions de personnes. Or, aucun de ces conflits n'est attribuable à la religion. Les récents conflits dans lesquels la religion a joué un rôle non négligeable n'ont en fait tué que 1 % de toutes les victimes des guerres en ce siècle.

Cette étude fournit la preuve que la religion n'est pas l'une des principales causes de guerre dans les temps modernes. Ce sont bien les gouvernements, et non les religions, qui provoquent des guerres. Mais les deux grands moments durant lesquels il y eut de violents conflits religieux en Europe, les croisades et la Réforme, ont jeté une ombre, de sorte que, même s'il n'y a plus eu véritablement de guerres religieuses pendant de nombreux siècles, des commentateurs intelligents et cultivés soutiennent encore que la religion est à l'origine des guerres.

Outre les statistiques, l'étude des doctrines religieuses aboutit aussi à un démenti formel. On peut remarquer que les principales traditions religieuses n'ont que peu à voir avec la guerre ou la violence. Toutes prônent la paix comme norme et considèrent qu'une véritable spiritualité implique un désaveu de la violence. La plupart des traditions religieuses considèrent la guerre comme un obstacle dans l'acquisition d'une véritable spiritualité et imposent des contraintes quant à la conduite de la guerre lorsqu'elle se produit.

Si la religion n'est que rarement cause de guerre de nos jours, la question serait plutôt de savoir comment la religion peut promouvoir la paix. L'Église catholique définit la paix comme « non pas simplement l'absence de guerre, mais le fruit de la justice ». Une société pacifique est une société juste. Ainsi, fournir les ressources nécessaires pour l'éducation, le logement et les soins de santé est vital dans la construction de la paix. Mais si les ressources matérielles sont nécessaires à la paix, elles ne sont pas suffisantes. Pour construire la paix, il faut aussi des ressources spirituelles, et la religion peut les fournir d'une façon unique. La ressource spirituelle clé que la religion offre est l'espérance.

« L'avenir de l'humanité, a déclaré l'Église lors du concile Vatican II, est entre les mains de ceux qui sont en mesure de transmettre aux générations futures des raisons de vivre et d'espérer.» Avoir des raisons de vivre et d'espérer est au cœur d'une religion vraie et les transmettre est le plus beau cadeau que la religion puisse donner à l'humanité. Le terrorisme est alimenté par le désespoir, et la guerre se nourrit de la peur. La religion donne de l'espérance contre le désespoir. Elle donne cet amour qui chasse la peur. C'est exactement ce que les martyrs de l'Atlas offrirent au peuple algérien : alors que des hommes de violence usèrent de la religion pour promouvoir la haine et la terreur, les moines offrirent la réalité de la religion pour promouvoir des raisons de vivre et d'espérer.

Un sanctuaire religieux

La religion est le ciment présent dans tout le sanctuaire pour maintenir ensemble toutes les parties. Le ciment de la religion fait en sorte que le sanctuaire soit suffisamment solide pour ne pas s'effondrer au premier coup de vent. La religion protège le sanctuaire contre le vol, lorsque tous, du marchand au terroriste, tentent de voler des morceaux de la construction ou de les passer à ceux qui, dehors, recherchent désespérément quelque abri religieux ou spirituel. Je crois que les grandes religions classiques peuvent maintenir un véritable sanctuaire dans le XXIe siècle avec des moyens novateurs. Pour ce faire, les gens devront abandonner cette vision libérale et plate du XXe siècle selon laquelle toutes les religions sont les mêmes.

Toute personne, un temps soit peu sensée, peut voir que ce n'est pas vrai. Toutefois, l'alternative n'est pas dans la condamnation mutuelle et dans l'agression. L'alternative est illustrée par les travaux du regretté pape Jean-Paul II, avec en premier lieu son initiative de se tourner vers les dirigeants de toutes les religions du monde. La fécondité de ce travail a été corroborée par le nombre sans précédent de chefs religieux non chrétiens présents à ses funérailles. Il a été le premier pape à visiter une mosquée et une synagogue. Pour la Journée mondiale de prière tenue à Assise en 1986, il a invité les dirigeants de toutes les religions du monde à passer une journée dans la prière, et, ce faisant, ils témoignèrent puissamment que la paix était une valeur fondamentale de la religion. Ses paroles sont à ce jour tout un programme, quant au rôle de la religion au XXIe siècle.

Tout d'abord, il insista pour que cette rencontre avec les responsables des différentes Églises et religions n'implique pas « l'intention de rechercher un consensus religieux entre [eux] ou de négocier des convictions de [leur] foi ». Il ne s'agissait pas non plus d'une abdication face au relativisme ambiant, puisque « tout être humain doit suivre sincèrement sa conscience droite, dans l'intention de rechercher et d'obéir à la vérité ». Il s'agissait simplement de montrer que vous pouviez avoir une foi profonde dans votre religion tout en ayant de l'amitié pour les autres religions, et sans qu'il soit nécessaire de réduire votre foi au plus petit dénominateur commun.

Il a ensuite affirmé que l'objectif de la journée était la paix. « Sans vouloir, en aucune façon, nier la nécessité de nombreuses ressources humaines pour maintenir et renforcer la paix, nous sommes ici parce que nous sommes certains que, au-delà de toutes ces mesures, nous avons besoin de la prière – intense, humble et confiante – pour que le monde devienne un lieu de paix véritable et permanente.»

Une prière intense, humble et confiante pour la cause d'une paix véritable et permanente : il s'agit là d'un bon résumé de l'endroit où notre quête de sanctuaire nous a conduits. Tant de gens disent qu'ils veulent la paix véritable et permanente pour eux-mêmes comme pour le monde, mais exprimer ce désir n'est pas suffisant. Le désir de paix doit devenir une passion brûlante, votre priorité première, et pas seulement quelque chose que vous exprimez à Noël. Ce livre a essayé de montrer comment traduire cette volonté en acte par le biais du travail exigeant de la recherche et de l'établissement d'un sanctuaire. Cette dernière étape vous invite à participer à une religion classique dans le cadre de ce travail. La prédiction selon laquelle la religion allait s'éteindre s'est révélée fausse, et une tâche essentielle au XXIe siècle consiste, pour les gens, à s'engager résolument dans leur tradition religieuse, et, à partir de cette base, à travailler avec les autres religions pour la paix.

Benoît décrit son monastère comme une «école au service du Seigneur». Cela signifie que l'une de ses idées les plus essentielles reste que vous devez être dans une sorte d'école si vous voulez vivre la paix. En privé, vous pouvez trouver la tranquillité, mais vous ne pouvez pas y trouver la paix. Au temps de Benoît, tout comme pour ses moines et moniales aujourd'hui, les seules écoles de paix sont le monastère et l'Église. Dans notre société mondialisée, nous pouvons reconnaître, comme l'a fait le pape Jean-Paul II, que toutes les religions classiques du monde peuvent être des écoles de paix pour ceux qui les suivent, en toute bonne conscience. Aussi suggéré-je que trouver le sanctuaire exige que vous choisissiez librement de vous placer dans le cadre de l'Église ou d'une autre religion classique. Vous pouvez éventuellement souhaiter rejoindre cette Église ou cette religion, mais vous devez certainement demander et recevoir sa sagesse et ses conseils si vous voulez faire de réels progrès spirituels.

Une religion classique est un lieu qui vous éloignera de la tendance à être absorbé en vous-même, si caractéristique de la spiritualité occidentale. Au contraire, vous ferez ce que le pape qualifie de « recherche et obéissance à la vérité ». Une religion classique vous aidera à suivre toutes les étapes décrites dans ce livre : elle vous offrira de vous enraciner dans le silence, de vous mettre à l'école de la prière, dans une communauté pour vous enseigner l'obéissance et une vive expérience de l'humilité. Elle vous aidera à intégrer le meilleur de la spiritualité moderne et à ignorer le reste. Enfin, elle vous proposera l'espérance – dans cette vie et en l'autre.

Trouver refuge en Dieu

En fin de compte, nous trouvons refuge en Dieu. Il est notre sanctuaire naturel. Au début de notre recherche, j'ai dit que si votre réponse aux questions de la foi religieuse était : « Je ne sais pas », vous deviez alors juste garder un cœur et un esprit ouverts en lisant ce livre. Maintenant, arrivé au terme, vous trouverez la parabole du fils prodigue présentée comme un exemple de *lectio divina*. Dans cette parabole, le fils cadet trouve le chemin du retour vers son père alors que le fils aîné ne s'autorise pas à participer à ce joyeux retour. Vous aussi, vous pouvez peut-être vous tenir sur la réserve, avoir des réticences à vous associer à la célébration de la foi. Mais ne vous inquiétez pas, vous avez également une place dans l'histoire, un lieu où le père encourage sans condamner.

J'espère, toutefois, que vous êtes désormais en mesure de rejoindre l'enfant prodigue sur le chemin du retour vers ce qui est votre sanctuaire donné par Dieu, de faire ce voyage où nous ne pouvons avancer qu'en revenant au Dieu qui nous a faits. Pour ce voyage de retour à notre sanctuaire naturel, Benoît est un guide aussi sûr qu'exigeant quant à la détermination des étapes à suivre. Et, comme toujours, il ne veut pas que nous traînions mais que nous courions ! « À mesure que l'on avance dans la vie religieuse et dans la foi, le cœur devient large. Et l'on se met à courir sur le chemin des commandements de Dieu, le cœur rempli d'un amour si doux qu'il n'y a pas de mots pour le dire » (Règle de saint Benoît, Prologue, 49).

Pour vous encourager sur la voie, je vous offre une dernière histoire extraite des pères et mères du désert. Un jeune moine vint une fois trouver son supérieur : « Père, dit-il, je dois quitter le monastère parce que je n'ai clairement pas la vocation de moine. » Lorsque l'ancien demanda pourquoi, le jeune moine répondit : « En dépit de toutes mes bonnes résolutions quotidiennes d'être tempéré, chaste et sobre, je continue à pécher. Je sens donc bien que je ne suis pas adapté à la vie monastique. » L'ancien le regarda avec amour et dit : « Frère, la vie monastique est comme suit : je me lève et je tombe, je me lève et je tombe, je me lève et je tombe. » Le jeune moine resta et persévéra.

Pour aller plus loin dans l'espérance

– Sur Internet : le site www.anamchara.com dresse la liste des livres et des sites présentant les divers aspects du mysticisme chrétien.

www.findingsanctuary.org est un site destiné à soutenir la tâche commencée dans ce livre. On y trouve les sources des grandes religions du monde, de manière à pouvoir grandir dans la foi et mieux comprendre les religions des autres peuples.

– Livre : Dans *Entrez dans l'espérance*, le pape Jean-Paul II répond aux questions posées par un journaliste, y compris à des questions sur la foi chrétienne et les religions du monde.

Lectio divina : le fils prodigue

Je vous invite à me rejoindre dans une lecture partagée de *lectio divina*, en prenant comme texte l'une des grandes paraboles de Jésus, celle du fils prodigue. L'histoire se trouve dans le quinzième chapitre de l'évangile de Luc, aux versets 11 à 32. Chaque court passage sera suivi des échos que ce texte éveille en moi alors que je le lis[6].

> *Un homme avait deux fils. Le plus jeune dit à son père : « Père, donne-moi la part de fortune qui me revient. » Et le père leur partagea son bien. Peu de temps après, rassemblant tout son avoir, le plus jeune fils partit pour un pays lointain et y dissipa tout son bien en vivant dans l'inconduite.*

Pourquoi un fils vient-il à quitter son domicile ? Peut-être en a-t-il assez de la routine et ressent-il le besoin de prendre le large, de faire une pause. Il quitte donc sa vie si régulière et routinière de la maison et cherche à prendre du bon temps. Mais la promesse de bons moments s'avère être une illusion.

Me suis-je enfui loin de Dieu le Père ?
Pourquoi me suis-je enfui ? Pourquoi suis-je parti ?
Suis-je vraiment si persuadé d'éprouver du bon temps loin de lui ?

6 N.d.T. : La traduction du texte biblique est celle de la *Bible de Jérusalem*.

Seigneur, aide-moi à ne pas courir loin de toi et de la vie.

Quand il eut tout dépensé, une famine sévère survint en cette contrée et il commença à sentir la privation. Il alla se mettre au service d'un des habitants de cette contrée, qui l'envoya dans ses champs garder les cochons. Il aurait bien voulu se remplir le ventre des caroubes que mangeaient les cochons, mais personne ne lui en donnait. Rentrant alors en lui-même, il se dit : « Combien de mercenaires de mon père ont du pain en surabondance, et moi je suis ici à périr de faim ! »

Son estomac crie famine, mais il sent bien plus qu'une faim de nourriture. Il est seul, et personne ne se soucie de lui. Il est désespéré.

Ai-je un jour réellement ressenti du désespoir ?

Vers où, vers quoi, vers qui puis-je me tourner quand je désespère ?

Est-ce que je me sens vide et affamé, alors même que j'ai tout ce qu'il faut ?

Mon Dieu, mon Dieu, pourquoi m'as-tu abandonné ?

« Je veux partir, aller vers mon père et lui dire : "Père, j'ai péché contre le Ciel et contre toi ; je ne mérite plus d'être appelé ton fils, traite-moi comme l'un de tes mercenaires." » Il partit donc et s'en alla vers son père.

Dans un moment de faiblesse, il revient vers son père. Mais c'est aussi la prise de conscience de sa faute, et la conviction que son père ne le rejettera pas.

Suis-je capable d'une telle humilité ?
Comment puis-je apprendre à être plus humble ?
Où puis-je trouver la conviction que Dieu peut m'accepter tel que je suis ?

Seigneur, aide-moi à revenir à toi.

Tandis qu'il était encore loin, son père l'aperçut et fut pris de pitié; il courut se jeter à son cou et l'embrassa tendrement. Le fils alors lui dit: «Père, j'ai péché contre le Ciel et contre toi, je ne mérite plus d'être appelé ton fils.» Mais le père dit à ses serviteurs: «Vite, apportez la plus belle robe et l'en revêtez, mettez-lui un anneau au doigt et des chaussures aux pieds. Amenez le veau gras, tuez-le, mangeons et festoyons, car mon fils que voilà était mort et il est revenu à la vie; il était perdu et il est retrouvé!» Et ils se mirent à festoyer.

Alors que le fils était encore loin, le père lui a pardonné. Ce petit pas de la part du fils rencontre l'immense amour du père. Le père n'a jamais cessé de l'aimer, mais maintenant, il peut montrer cet amour. Quelle joie d'imaginer le désir intense de Dieu de manifester son amour, si seulement je veux bien me tourner vers lui.

Puis-je reconnaître que je suis pécheur ?
Qu'est-ce qui m'empêche de reconnaître ce fait ?
Suis-je heureux de pardonner ?

Seigneur, aie pitié de moi, pécheur.

Son fils aîné était aux champs. Quand, à son retour, il fut près de la maison, il entendit de la musique et des danses. Appelant un des serviteurs, il s'enquérait de ce que cela pouvait bien être. Celui-ci lui dit : « C'est ton frère qui est arrivé, et ton père a tué le veau gras, parce qu'il l'a recouvré en bonne santé. » Il se mit alors en colère, et il refusait d'entrer. Son père sorti l'en prier. Mais il répondit à son père : « Voici tant d'années que je te sers, sans jamais avoir transgressé un seul de tes ordres, et jamais tu ne m'as donné un chevreau, à moi, pour festoyer avec mes amis ; et puis ton fils revient, après avoir dévoré ton bien avec des prostituées, tu fais tuer pour lui le veau gras ! »

Mais le père lui dit : « Toi, mon enfant, tu es toujours avec moi, et tout ce qui est à moi est à toi. Mais il fallait bien festoyer et se réjouir, puisque ton frère que voilà était mort et il est revenu à la vie ; il était perdu et il est retrouvé ! »

Le frère aîné est un homme bien occupé et bien sérieux. Il est en colère, bien sûr. Mais il est surtout, pour son malheur, incapable de sortir de son monde et de sa suffisance. Quelle occasion manquée.

Où est le fils aîné en moi ?
Suis-je aussi trop occupé et suffisant ?
Suis-je jaloux des autres ?
Pourquoi ne puis-je pas me laisser aller ?

Seigneur, fais de moi un canal de ta paix.

En conclusion, dire une prière familière comme le « Notre Père ».

Remerciements

Mon premier sanctuaire a été ma famille. Je remercie pour ce don en particulier ma mère qui continue à être un sanctuaire en tout temps, et mon frère aîné Tony qui m'a été d'une grande aide, comme à son habitude, tant au début qu'à la fin de l'écriture de ce livre.

Mon sanctuaire est à présent l'abbaye de Worth, et ce livre est dédié à mes frères dans la vie monastique. En particulier, je remercie les pères Luke Jolly, Mark Barrett et Martin McGee, pour leur critique constructive du texte.

Je remercie mon éditeur, Helen Garnons-Williams, qui a eu l'idée de ce livre et qui m'a offert son appui sans faille à tous les stades de la rédaction. Ce fut un plaisir de travailler avec un éditeur perspicace et généreux.

La valeur de la voie monastique pour la vie quotidienne m'a été apportée par « The Monastery », et je tiens à remercier l'équipe de production Tiger Aspect pour la manière si délicate dont ils ont dépeint notre vie : en particulier Gabe Salomon, le producteur des séries, John Blake et Charles Brand, producteurs exécutifs, Dollan Cannell, producteur/directeur, Elizabeth Stopford, assistante de production, et Hettie Hope, gestionnaire du programme. Je remercie également Jacqui Hughes, à la BBC, d'avoir cru à ce projet. Ce fut un honneur et un plaisir de travailler avec des gens combinant habileté professionnelle et intégrité.

À leurs côtés, je remercie les cinq hommes mentionnés au début de l'ouvrage. Leur quête pleine de sincérité était au cœur du programme, et c'est un plaisir pour nous, moines, de les compter désormais parmi nos amis. Un remerciement encore pour les milliers de personnes qui nous ont écrit et sont venues nous voir suite aux diffusions de l'émission. Votre soutien nous est cher et d'un grand encouragement alors que nous continuons à bâtir le sanctuaire qu'est l'abbaye de Worth.

Pour la *lectio divina* sur le fils prodige, je reconnais également la dette que je dois au Mouvement Manquehue, un groupe inspiré de laïcs chiliens vivant la Règle de saint Benoît en mettant l'accent sur la *lectio divina*.

Je remercie Peter Dwyer pour m'avoir permis de reproduire des extraits de sa traduction de la Règle de saint Benoît, publiée en 1980 par des collègues bénédictins de Liturgical Press, de Collegeville, dans le Minnesota. Leur érudition est un atout précieux pour aborder la Règle.

Bibliographie

Les travaux énumérés ci-dessous sont fortement recommandés pour aller plus loin et ont été particulièrement utiles pour la rédaction de ce livre.

Boyle N., *Qui sommes-nous maintenant ? Humanisme chrétien et marché mondial de Hegel à Heaney*, Continuum International Publishing Group, 1998.

Carrette J. et King R., *La spiritualité en vente : la reprise silencieuse de la religion*, Routledge, 2005.

Casey M., *Truthful Living*, Gracewing, 2001.

Collins J., *From Good to Great*, Random House Business Books, 2001.

Mare P. de, Piper R. et Thompson S., Koinonia : *de la haine, par le dialogue, à la culture dans un large groupe*, Karnac Books, 1991.

Waal E. de, *Seeking God : The Way of Benedict*, Canterbury Press, 1991.

Foster D., *Reading with God* : lectio divina, Continuum Publishing, 2005.

Illich I., *Du lisible au visible : la Naissance du texte, un commentaire du « Didascalicon » de Hugues de Saint-Victor*, Éditions du Cerf, 1991.

Lash N., *Le début et la fin de la religion*, CUP, 1996.

Merton T., *Nouvelles semences de contemplation*, Seuil, 1963.

Norris K., *The Cloiser Walk*, Riverhead Books, 1997.

Pape Jean-Paul II, *Entrez dans l'espérance*, Pocket, 2003.
Stewart C., *Prayer and Community*, Orbis Books, 1999.
Ward B., *Les pères du désert : les dires des premiers moines chrétiens*, Penguin Classics, 2004.
Williams R., *Silence and Honey Cakes : the Wisdom of the Desert*, Lion Hudson, 2004.

Table des matières

Prologue 7
Introduction 11

PREMIÈRE PARTIE
LA VIE QUOTIDIENNE

CHAPITRE 1
COMMENT SE FAIT-IL QUE JE SOIS
À CE POINT OCCUPÉ ? 19
Nous sommes tous des consommateurs.....................22
Envie de tout quitter !...24
Les moines et le stress 26
Par où commencer ?...28
La vertu, porte ouvrant sur le sanctuaire....................31
Pousser la porte et entrer 35

DEUXIÈME PARTIE
LES ÉTAPES MONASTIQUES

CHAPITRE 2
PREMIÈRE ÉTAPE : LE SILENCE...................................39
Du bruit dans ma tête...39
Le silence monastique 41
Le silence cartusien 43
Benoit et le silence..46
Les enfants et le silence 48
Les adultes et le silence...50
Le silence : nécessaire ou égoïste ? 52
Combien de temps ?...54

Chapitre 3
Deuxième étape : la contemplation ... 57
La prière ... 57
Méditation ... 61
La lecture ... 65
Lectio divina ... 69
Action et contemplation ... 72

Chapitre 4
Troisième étape : l'obéissance ... 77
C'est mon choix, non ? ... 78
Écouter ... 81
La liberté obéissante ... 83
Qui est aux commandes ? ... 85
Être vrai avec soi-même ... 87
Thomas Merton ... 89
Le sanctuaire intérieur ... 91
« Priez pour la découverte de vous-même » ... 94

Chapitre 5
Quatrième étape : l'humilité ... 97
En toute humilité ... 97
Des racines en pleine terre ... 100
L'humilité et la volonté de réussir ... 101
L'échelle de l'humilité ... 104

Chapitre 6
Cinquième étape : la communauté ... 117
La communauté et moi ... 117
La communauté bénédictine ... 120

La saine conversation en pratique 124
Une règle de vie 128
La communauté comme sanctuaire 131
Rituel 136
Riches et pauvres 139
Fenêtres 141

Chapitre 7
Sixième étape : la spiritualité 143
L'histoire de la spiritualité 145
Spiritualité, oui, religion, non 148
Alors qu'est-ce que la religion ? 151
La « spiritualité achat » 154
Le meilleur de la spiritualité moderne 157
Conclusion 161

Chapitre 8
Septième étape : l'espérance 163
Sur le bien mourir.. 163
La religion favorise la paix 171
Un sanctuaire religieux 174
Trouver refuge en Dieu.. 177

Lectio divina : le fils prodigue 181

Remerciements 185

Bibliographie 187

Table des matières 189

Imprimé en Allemagne par GGP Media GmbH, Poessneck,

en septembre 2013

ISBN : 978-2-501-09035-3

4137550 / 01

dépôt légal : octobre 2013

MARABOUT
s'engage pour l'environnement
en réduisant l'empreinte carbone
de ses livres.
Celle de cet exemplaire est de :
150 g éq. CO_2
Rendez-vous sur
www.marabout-durable.fr